☆ 뇌 과학자가 알려 주는 똑똑한 진로 탐색 가이드

십 대를 위한
유쾌한
교양 수업

하고 싶은 것을
찾는 법 25

모기 겐이치로 감수
권희린 한국어판 감수
이소담 옮김

블루무스 어린이

시작하며

자신이 하고 싶은 일을 찾아 멋진 미래를 만들어 가요

"내가 무엇을 하고 싶은지 잘 모르겠어요."

주위 사람들로부터 이런 고민을 자주 들어요. 실제로 무엇을 목표로 삼아야 할지 모르는 사람이 생각보다 많답니다. 어린이는 물론이고 어른들도 마찬가지예요.

뇌를 연구하는 저는 이런 고민을 접할 때마다 이렇게 생각해요. '자기 자신을 제대로 이해하고 뇌를 잘 쓴다면, 하고 싶은 일을 찾을 수 있는 것은 물론이고 아주 멋지게 살아갈 수 있을 텐데! 이렇게 안타까울 수가!'

이 책은 청소년기에 접어든 여러분이 '하고 싶은 일'을 찾는 방법을 알기 쉽게 설명하고 있어요. 또 하고 싶은 일을 찾을 때, 우리의 뇌가 어떻게 작용하는지에 대해서도 소개합니다.

이 책을 읽은 여러분은 분명 하고 싶은 일을 찾을 수 있을 거예요. 또한 이런저런 고민거리가 사라지게 될 거예요. 또 여러분이 매일 하는 공부가 여러분에게 어떤 의미인지를 이해할 수 있게 된답니다. 아이들을 위해 이 책을 읽는 보호자 여러분도 어른의 입장에서 인생을 새롭게 바라보게 될 거예요.

인공지능이 발달하고 있는 요즘 시대에, 사람답게 산다는 것이 무엇인지, 사람의 뇌가 어떤 가능성을 품고 있는지에 대해 생각해 볼 수 있는 계기가 되었으면 좋겠습니다. 이 책이 앞으로 우리가 살아갈 미래를 위한 좋은 참고서가 되었으면 합니다.

우리의 뇌에는 무한한 가능성이 있어요. 자, 이 사실을 이해하면서 뇌와 조금씩 친해져 볼까요? 이런 노력만으로도 여러분의 미래는 더 밝게 빛날 거예요!

모기 겐이치로
(뇌 과학자)

차 례

✳✳

나오는 사람들

♥ 한지유(12세) ♥

초등학교 5학년. 화려하고 반짝반짝한 세계를 동경한다. 좋아하는 것이 많고, 파티시에, 아이돌, 아나운서 등, 장래 희망도 다양해서 쉽게 정하지 못한다.

♥ 서이준(12세) ♥

초등학교 5학년. 게임을 하고 동영상 보는 것을 좋아한다. 아직 장래에 하고 싶은 일이 없어서 고민이다.

♥ 겐이치로 선생님 ♥

뇌 과학 전문가. 국내는 물론이고 세계 여기저기를 다니며 많은 사람과 만나면서 일을 하고 있다. 일은 곧 놀이라고 생각하며 즐겁게 사는 아저씨.

'하고 싶은 일'
이란 뭘까?

여러분은 '하고 싶은 일'에 대해 생각해 본 적 있나요? '하고 싶은 일'은 거창한 꿈이나 목표를 말하는 걸까요? 아직 먼 미래의 일 같아서 알쏭달쏭할 거예요. 괜찮아요. 지금부터 함께 하나씩 알아가 봅시다.

장래의 꿈이나 목표

나는 이런 사람이 되고 싶다!

◆ 좋아하는 것

◆ 잘하는 것

한지유 (초등학교 5학년)

오늘은 '진로 활동지*'를 적어 볼 거예요.

앞으로의 꿈이라….

여러분이 바라는 직업을 갖거나 꿈을 이루려면 지금부터 잘 생각하고 준비해야 하죠!

자, 여러분은 어떤 사람이 되고 싶은지, 꿈을 이루기 위해 무엇을 열심히 해야 할지 적어 볼까요?

으음…

나는 케이크를 좋아하니까 파티시에!

아나운서도 멋있어서 좋은 걸!

아, 아이돌도 좋아. 예쁘잖아.

NEWS

*스스로 성장을 돌아보며 앞으로 꿈이나 장래 희망, 생활상, 나아가 어떤 어른이 되고 싶은지 생각하고 기록하는 것을 말해요.

'하고 싶은 일'이란 뭘까?

게이치로 선생님 (뇌 과학자)

혹시 어떤 일에 푹 빠져 있다가 시간이 훅 지나간 것도 몰랐던 적 있지 않니?

놀이든 운동이든 공부든, 뭐든지!

뇌는 즐거운 일을 하고 싶어 하고, 싫은 일이나 힘든 일은 피하려고 해.

그러니 좋아하는 일이나 즐거워하는 일을 계속하면

뇌는 그 일을 더 하고 싶어 하고, 그게 곧 '하고 싶은 일'이 되지.

저는 게임을 하거나 동영상 보는 걸 좋아하는데… 그런 것도 괜찮아요?

부모님은 야단치시지만…

물론 괜찮지~!

OK!

하지만 직업으로 하고 싶은 일을 하는 어른은 많지 않다고 들었는데요…

그럴까? 나는 어른이 된 지금도 하고 싶은 일만 하는 걸.

내 물건을 주워 준 답례로, 너희 숙제를 도와주마!

뇌 과학의 관점에서 '하고 싶은 일'에 대해 생각해 보자꾸나!

먼저 뇌의 구조를 알아볼까요?

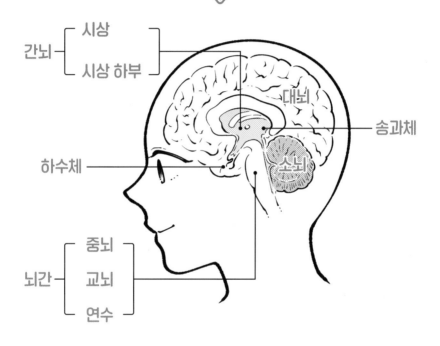

간뇌 — 시상
      시상 하부

대뇌

송과체

하수체

소뇌

뇌간 — 중뇌
      교뇌
      연수

뇌는 사람의 다양한 활동을 조절해요

뇌는 인간이 살기 위해서 하는 모든 활동(호흡, 운동, 감각, 기억 등)을 조절하는 아주 중요한 장기예요. 뇌는 크게 대뇌, 소뇌, 뇌간으로 구성되어 있으며, 실제로는 그보다 더 세밀하게 나누어져요. 이 3가지 큰 부분은 각각의 역할이 있고, 서로 도와가며 우리가 활동할 수 있도록 명령을 내린답니다.

뇌에서 가장 큰 부분은 바로 대뇌!

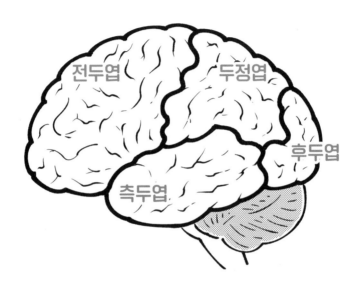

전두엽

두정엽

후두엽

측두엽

대뇌는 4가지 부위로 나뉘어요

대뇌는 뇌의 약 85%를 차지해요. 생각, 기억, 운동, 감각, 감정 표현 등을 모두 도맡아 하는 우리 몸과 마음의 사령탑이라 할 수 있어요. 대뇌는 좌뇌와 우뇌로 나뉘고, 또 깊게 패인 도랑을 따라 전두엽, 두정엽, 후두엽, 측두엽의 4개 부위로 나뉘어요. 이 부위는 서로 다른 역할을 한답니다.

인간답게 살 수 있게 도와주는
전두전야!

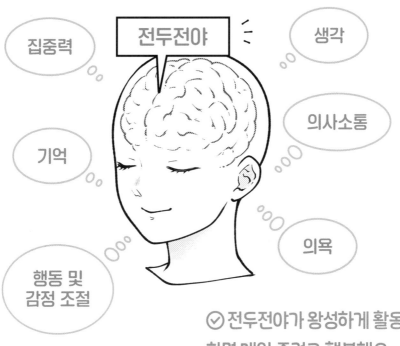

집중력

전두전야

생각

의사소통

기억

의욕

행동 및
감정 조절

동물의 뇌와
인간 뇌의 가장
큰 차이가 바로
전두전야란다!

⊘ 전두전야가 왕성하게 활동
하면 매일 즐겁고 행복해요

전두엽에서 가장 큰 부분이 바로
'전두전야'예요. 전두전야는 생각,
기억, 감정 조절 등, 우리 인간이 인
간답게 살 수 있게 하는, 아주 중요
한 활동을 해요. 매일 의욕적으로
살아가는 사람은 전두전야의 활동
이 매우 활발하답니다.

뇌 기본 지식 ❷
뇌에서 어떻게 마음의 움직임이 일어날까요?

> 나는 나!

> 이 몸은 내 거야!

> 나는 나. 다른 사람이 아니야.

뇌 과학에서도 아직 밝혀지지 않은 것이 많아요

우리에게는 다양한 감정(마음)과 의식이 있어요. '나는 나'라는 의식, '이건 좋고 저건 싫어.'나 '정말 즐거워.'와 같은 감정은 뇌에서 생겨요. 다만 이런 것들이 어떻게 생겨나는지, 왜 사람마다 다른지 등, 아직 밝혀내지 못한 것이 많아요.

마음(감정)이 생기는 구조

⊘ 뇌는 누구나 똑같은 성분으로 이루어져 있어요

뇌를 이루는 주요 성분

- 지방 약 60%
- 단백질 약 40%

뇌를 이루는 성분은 누구나 똑같아요. 그런데 성분이 같은데도 불구하고, 우리는 사람마다 각각 다르죠. 이런 차이는 왜 생기는 걸까요? 이 부분은 지금도 많은 뇌과학자들이 연구하고 있답니다.

⊘ 신경 회로에 정보가 전달되면 마음이 생겨요

뇌 속 신경 세포가 활동하면 우리에게는 감정(마음)이 생겨요. 만약 신경 세포가 단 하나뿐이라면, 사람에게는 마음이나 의식이 생기지 않지요. 신경 세포들이 시냅스라 불리는 신경 회로망으로 서로 연결되어 정보가 전해지면서 사람에게 감정이나 의식이 생기게 된답니다.

오늘 밥이 맛있어 보여!

축구는 정말 즐거워♪

저녁노을이 참 예쁘다!

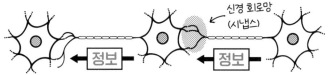

신경 회로망 (시냅스)

정보 ← ← 정보

모든 '기분'은 사람마다 다르게 만들어져요

'기분'은 사람마다 달라요

사람마다 기분은 다 달라요. 하지만 같은 점도 있지요. '엄마'라는 단어를 들었을 때 사람들이 공통적으로 떠올리는 이미지가 있어요. 이때 떠올리는 엄마의 모습은 각자 다르겠지만요. 바로 이 부분이 뇌의 신기한 점이랍니다.

'기분'이 만들어지는 방식은 같아도, 담고 있는 내용은 달라요

⊘ 들어오는 '정보'나 '기억'은 사람마다 달라요

기분이 만들어지는 방식은 대부분 같아요. 그러나 사람마다 태어나서 지금까지 바라본 풍경, 받아들인 정보, 기억, 경험은 각각 다르지요. 유전자가 똑같은 일란성 쌍둥이도 뇌 주름의 위치가 다르고, 성격도 다르다고 해요. 이렇게 우리는 주위에서 다양한 자극을 받으면서 '이 우주에서 단 하나뿐인 나'가 된답니다.

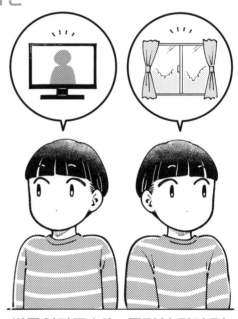

쌍둥이라도 보는 풍경이 달라요!

똑같은 형태의 도서관이 사람 숫자만큼 있다고 생각해 볼까요? 도서관의 형태는 같아도, 안에 있는 책은 모두 다를 거예요. 뇌도 마찬가지랍니다.

뇌는 다양한 경험을 통해 발달해요

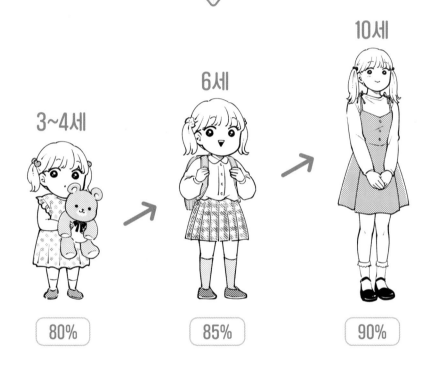

3~4세 80%

6세 85%

10세 90%

인간의 뇌는 3살까지 80%가 완성돼요

최근의 뇌 과학 연구에 따르면 인간의 뇌는 3살까지 80% 완성되고, 10살이 되면 90%까지 완성된다고 해요. 그러므로 어릴 때부터 뇌가 잘 자라도록 토대를 제대로 다져 두어야 해요.

뇌의 밑바탕을 만드는 도파민

푹 빠질 수 있는 일을 다양하게 경험해요!

도파민은 기쁜 일이나 즐거운 일을 겪을 때 뇌에서 나오는 물질이에요. 뇌에서 도파민이 나오면 의욕이 생겨서 적극적으로 무언가를 하려고 해요. 어려서부터 어떤 일에 푹 빠져 보는 경험을 자주 하면, 도파민이 잘 나오는 성질의 뇌가 된답니다.

사람마다 좋아하는 것이나 흥미가 달라요

다른 사람과 같지 않아도 괜찮아요

사람마다 외모나 성격이 다른 것처럼, 좋아하거나 열중하게 되는 대상도 사람마다 달라요. 다른 친구들이 좋아하지 않는 것에 관심이 있어도 괜찮아요. 여러분이 좋아하는 것이 어른들이 칭찬할 만한 것이 아니어도 상관없고요. 그저 여러분이 좋아하는 것을 열심히 하면 된답니다.

> ☆ 보호자 여러분께
>
> 어린 시절에 얼마나 좋아하는 것에 푹 빠져 있는지에 따라 도파민이 나오는 순환 구조가 달라집니다. 아이가 흥미를 가지는 것이 생겼다면, 아무리 사소한 것이라도 좋으니 그 흥미를 잘 키워 나갈 수 있게 도와주세요.

일이란 무엇일까?

'일'이 반드시 힘들고 괴로운 경험을 의미하는 건 아니에요. 또 돈을 벌기 위해서만 하는 것도 아니죠. 우리는 왜 일을 할까요? 또 일을 한다는 것은 어떤 의미일까요? 우리 함께 생각해 볼까요?

오늘은 여러분의 장래에 대해 생각해 볼 수 있도록,

특별한 선생님이 수업을 해 주실 거예요.

뇌 과학자 겐이치로 선생님입니다.

안~녕!

얘들아, 안녕! 잘 부탁해!

그때 그…, 뇌 아저씨다!

자, 너희는 '일'이란 무엇이라고 생각하니?

어떻게 생각하는지 각자 자유롭게 말해 볼까?

일

돈을 버는 거요!

멋있는 직업이면 자랑할 수 있어요!

바빠서 힘들 것 같아요.

일하는 건 너무 힘들 것 같아요.

우리 아빠는 아침 일찍 지옥철을 타고, 퇴근도 늦게 해요.

맨날 피곤하다는 말만 하고요.

항상 허둥지둥 바빠 보여요.

우리 부모님은 가게를 하는데, 나보고 놀 시간이 있으면 일을 도우라고 해요.

하하하 그래? 주위의 어른들을 보면서, 일은 힘들고 괴롭다고 생각하게 되었구나.

나도 어렸을 때는 '일은 힘드니까, 하기 싫어.'라고 생각했어.

그래도 막상 어른이 되었더니, 상상했던 것만큼 일이 싫지는 않아.

정말요?

상품이나 서비스를 판매하는 사람은, 상대방이 자신을 믿고

구매 계약을 하면 아주 기쁘겠지?

가게를 운영하는 사람은 친절하게 손님을 응대하고,

정말 고맙습니다!

손님이 기뻐하면 보람을 느낄 거야.

일은 힘들 때도 있지만 그와 비슷하게 즐거울 때도 있어.

그래서 계속할 수 있지.

너희도 즐거운 일이라면 자꾸자꾸 더 하고 싶지?

그걸 계속하다 보면 점점 더 잘하게 되고, 무럭무럭 성장하게 돼.

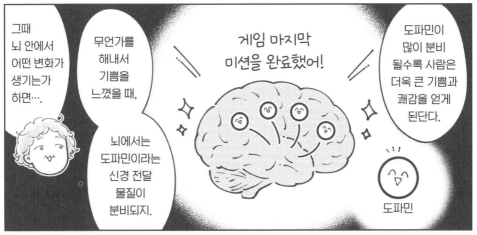

그때 뇌 안에서 어떤 변화가 생기는가 하면….

무언가를 해내서 기쁨을 느꼈을 때,

뇌에서는 도파민이라는 신경 전달 물질이 분비되지.

게임 마지막 미션을 완료했어!

도파민이 많이 분비될수록 사람은 더욱 큰 기쁨과 쾌감을 얻게 된단다.

도파민

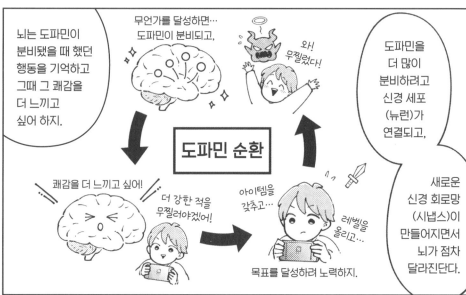

뇌는 도파민이 분비됐을 때 했던 행동을 기억하고 그때 그 쾌감을 더 느끼고 싶어 하지.

무언가를 달성하면… 도파민이 분비되고,

와! 무찔렀다!

도파민을 더 많이 분비하려고 신경 세포 (뉴런)가 연결되고,

새로운 신경 회로망 (시냅스)이 만들어지면서 뇌가 점차 달라진단다.

도파민 순환

쾌감을 더 느끼고 싶어!

더 강한 적을 무찔러야겠어!

아이템을 갖추고…

레벨을 올리고…

목표를 달성하려 노력하지.

도파민이 분비되어 쾌감을 느끼는 일을 반복하면,

점점 더 잘하게 되지.

반대로 잘 못하는 것에는 의욕도 생기지 않는데

흐음…

그때는 도파민이 잘 순환되지 않아.

레벨 업!

뇌가 즐겁다고 느끼면, 일도 놀이와 크게 다르지 않단다.

그렇구나 ~

얘들아, 공부는 재밌니?

당연히 재미없죠!!

수학
국어

공부는 싫어!

그럼 이 게임은 어때?

좋아해요!

포○몬스터

나도!

게임을 할 때처럼 기쁨이나 즐거움을 느끼면

뇌에서 도파민이 나오고, 게임을 점점 더 하고 싶어져.

어떻게 보면 공부도 만화나 게임 같은 놀이라 할 수 있어.

기쁘지 않다면 도파민이 나오지 않아.

또 쉬운 것만 해도 도파민은 나오지 않지.

잘 못하는 일이나 어려운 일이라도 포기하지 않고 열심히 해서

잘 해내고 기쁨을 느끼면, 그 일을 점점 더 잘하게 된단다.

즐거움을 느끼면, 뇌는 일도 공부도 놀이도 전부 똑같이 여겨.

그렇구나.

공부는 무턱대고 싫다고 생각했는데….

나도 매일 노는 것처럼 푹 빠져서 일을 하니까 얼마나 즐거운지 몰라!

다양한 사람과 만나고

다양한 곳에 가고

우리가 일을 하는 이유는 돈을 버는 것만이 아니야.

고맙다는 말을 듣거나 내 경험을 살리면서 기쁨을 느끼면

삶이 행복해지지.

이 세상에는 다양한 직업과 역할이 있단다.

우리가 경험한 것과 앞으로 경험할 것, 이 모든 것이 훗날 직업이 될 수 있어.

그런 경험에서 기쁨을 찾는다면, 너희의 가능성은 점점 커질 거야♪

일은 오로지 돈을 벌기 위한 것일까요?

✅ 이 사회를 구성하는 한 사람으로서 서로 협력하는 것이 바로 '일'

'일'이라는 단어를 들으면 어떤 생각이 드나요? 돈을 벌기 위해 하는 것, 매일 전철을 타고 회사에 출근하는 것, 싫어도 어쩔 수 없이 해야만 하는 것이라고 생각하나요? 물론 일에는 그런 면도 있어요. 하지만 일을 '다른 사람에게 도움이 되는 것'이라고 생각을 바꿔 보면 어떨까요? 우리는 서로 도우며 살아갑니다. 우리가 하는 일은 반드시 누군가를 돕는 일이고, 이것이 다양한 직업으로 이어진답니다.

일이란 곧 다른 사람에게 도움이 되는 것!

사회는 서로 협력하고, 자신이 할 수 있는 일을 통해 누군가를 도우면서 이루어집니다.

회사에서 근무하거나 돈을 버는 것만이 '일'이 아니에요! 세상에는 다양한 일이 있어요!

회사에서 일하거나 돈을 벌지 않아도, 우리는 모두 매일 여러 가지 일을 한답니다. 요리나 빨래 같은 집안일, 친구의 투정이나 고민을 들어주는 일, 쓰레기를 줍거나 경로당에서 어르신들을 돕는 일과 같은 자원봉사도 우리가 할 수 있는 훌륭한 일이에요.

자원봉사 활동

요리나 세탁 등의 집안일

친구의 고민 상담

나의 역할을
찾아보자!

⊘ 다양한 역할이 모여 이 사회가 만들어져요

직업을 갖고 일하는 사람은 훌륭하고, 그렇지 않은 사람은 훌륭하지 않을까요? 세상에는 부지런히 일하는 사람도 있고, 일하지 않는 사람, 일을 하고 싶어도 하지 못하는 사람, 일을 힘들어하는 사람도 있어요. 일하는 사람만이 이 사회를 만들어 나가는 건 아니에요. 학교를 생각해 봐요. 이야기에 귀를 기울이는 아이, 친구들을 재미있게 해 주는 아이 등, 여러 친구가 있어요. 이렇게 이 사회는 여러 사람들과 여러 가지 역할로 이루어진답니다.

혼자 있으면 도움이 안 되는 건가요?
인기가 있어야 대단한 거예요?

쓸쓸~

자신은 아무것도 하지 않는 것 같다고요? 아니에요. 스스로 깨닫지 못할 뿐이에요. 우리에게는 반드시 자신만의 역할이 있답니다.

사람은 혼자서 모든 역할을 해낼 수 없어요

✅ 침팬지의 사회도 사람의 학교나 직장과 비슷하다고요!?

침팬지는 사회적인 동물이에요. 침팬지는 자신들의 영역을 지키기 위해 노력해요. 침팬지의 사회에는 무리를 이끄는 리더가 있답니다. 또한 털 고르기를 하는 침팬지, 혼자 걷도는 침팬지, 그런 동료를 돌보는 침팬지, 영역을 경계하는 침팬지 등, 저마다 자신만의 역할이 있어요. 우리 사람도 마찬가지예요. 침팬지처럼 각자 제 역할을 하며 학교나 직장 등의 사회를 유지하죠.

털 고르는 역할

보스
리더 역할

달래는 역할
(차기 리더)

왜 그래?

혼자 있고 싶어…

여긴 우리 영역이야!

경계하는 역할

아무리 훌륭한 리더도
혼자 모든 역할을 하진 못해요!
사람도 그렇죠!

모든 일에는 깊이가 있어요!

✅ 깊은 내면을 깨달으면 일이 재미있어요!

모든 일에는 깊이가 있어요. 꽃집을 예로 들어 볼까요? 손님에게 꽃을 파는 것만이 꽃집의 일이 아니에요. 계절에 맞는 꽃을 고르는 일, 꽃을 아름다운 상태로 운반하는 일, 관엽 식물을 기르는 일, 필요한 곳에 꽃을 장식하는 일 등, 꽃집에도 다양한 일이 있지요. 이렇게 지금 여러분 앞에 있는 물건이 어떻게 만들어졌고, 그 물건이 만들어지기까지 어떤 일들이 있었는지를 상상해 보면, 일에 관심이 생기고 흥미를 느낄 수 있어요.

지금 눈앞에 있는 물건 대부분은 누군가가 만든 거예요

수도   문구   옷

스마트폰   전기   채소

우리가 일상에서 보거나 쓰는 모든 물건은 누군가가 일을 해서 만든 것이라는 사실을 꼭 기억해 주세요!

상품 하나가 우리 손에 도착하기까지, 많은 사람의 손을 거쳐요

우리가 즐겨 마시는 페트병에 든 음료수 하나도 많은 사람들이 일을 해서 만들어 낸 것이랍니다. 참 대단하지 않나요?

음료수 한 병이 만들어지기까지

- 페트병 원료인 석유를 채굴하는 사람
- 석유를 운반하는 사람

- 상품을 마트나 편의점 등의
  상점으로 운반하는 사람

- 찻잎을 따는 사람
- 찻잎을 볶아 추출하는 사람
- 공장에서 음료를 제조하는 사람

- 상품을 기획하는 사람
- 패키지를 디자인하는 사람
- 상품을 광고하는 사람

집에 있는 어떤 물건이 만들어지기까지,
어떤 일들이 연관되어 있는지 생각해 보세요.

일은 다 같이 해서 즐거운 법

✓ 여러 사람과 협력해 무언가를 이루는 경험을 많이 해 보세요

공부는 혼자서도 할 수 있지만, 일은 여러 사람이 협력해서 해야 해요. 회사에서 일할 때는 물론이고, 집에서 혼자 해도 되는 일이라도 누군가의 도움이 필요하거든요. 여러 사람이 한 팀이 되어 일하면 즐겁기도 하고 성과도 더 크답니다. 학급 친구들과 작품 하나를 같이 만들어 전시하거나, 함께 악기를 연주해 보세요. 무대에서 함께 창작 댄스나 연극을 하는 것도 좋아요. 이런 경험은 앞으로 팀을 이뤄 일할 때 큰 도움이 됩니다.

어떤 일이든 '개인플레이'가 아니라 '팀플레이'!

운동 경기에서 혼자 활약하는 것처럼 보이는 선수라도, 다른 사람들이 도와주지 않으면 활약할 수 없어요. 일도 마찬가지예요.

함께 일하면 한층 더 성장할 수 있어요!

✅ '공감 능력'이 커져요

공감 능력이란, 동료의 표정이나 분위기를 파악해서 즐거워하는지, 불안해하는지 등, 동료의 감정을 이해하는 능력이에요. 공감 능력이 뛰어난 사람이 많은 팀은 좋은 성과를 낼 수 있다고 해요.

✅ 여러 사람들의 '다양한 발언'으로 좋은 아이디어가 나와요

회의를 할 때는 한 사람만 계속 말하는 것보다 여러 사람이 서로 의견을 주고받아야 좋은 아이디어가 나와요. 학급 회의에서도 이런 분위기를 만들면 참 좋겠죠?

✅ '다양한 동료'들과 함께 일할 수 있어요

다양한 개성을 지닌 동료들이 모이면 일을 더 잘 해낼 수 있어요. 학교에서도 성별이나 능력을 따지지 말고 함께 힘을 모아 일을 해내는 경험을 쌓아가는 것이 중요해요.

'보람'이란 무엇일까?

✅ 일을 할 때는 '보람'이 정말 중요해요

보람이란, 쉽게 말해 '이 일을 하길 잘했어!'라고 생각하는 것이에요. 사람은 기쁘거나 즐거울 때, 보람도 느끼죠. 보람은 일을 할 때 굉장히 중요합니다. 보람을 느끼기 때문에 아무리 힘들어도 일을 계속할 수 있는 거예요. 앞서 기쁘거나 즐거우면 도파민이 분비된다고 했죠(21쪽 참조). 이 도파민은 바로 뇌가 받는 보상인 셈이에요. 그러므로 어떤 상황에서 도파민이 분비되는지 알아두면 좋겠죠?

어떨 때 기쁘다고 느끼나요?

자신이 어떤 상황에서 기뻐하는지를 알면, 그것이 곧 하고 싶은 일로 이어지기도 해요.

자신의 뇌에 주는 보상을 스스로 정해 보세요

다른 사람에게 칭찬받는 것도
기쁘긴 하지만,

내가 정말 기뻐하는 일은
내가 가장 잘 알아!

다른 사람이 나를 칭찬해 주면 기뻐요. 그렇지만 이런 기쁨은 다른 사람만
이 줄 수 있는 건 아니에요. 자신이 진심으로 즐겁다고 느끼는 일을 할 때,
기쁨은 물론이고 의욕과 보람도 느끼게 된답니다.

☆ 보호자 여러분께

아이가 푹 빠져 있는 일이 보호자 여러분의 눈에는 탐탁스럽지 않아 보일 때
도 있어요. 그래도 정말 나쁜 일이 아닌 이상은 지켜봐 주세요. 그 일을 통해
아이에게 긍정적인 변화나 성장하는 모습이 보이면 칭찬해 주세요.

Q 장래에 하고 싶지 않은 일을 하게 되면 어떡해요?

A 하기 싫은 일도 하다 보면 극복할 수 있기도 해요

뇌에는 무한하게 달라지는 성질인 '가소성'이 있어요. 사람의 능력도 마찬가지예요. '여기까지가 내 한계야!'라고 생각했던 일도 계속하다 보니 그 한계를 넘게 되고, 차근차근 배우면서 달라질 수 있어요. 우리는 '하기 싫은 일은 절대 하지 않을 거야.'라고 생각해도 되고, 하기 싫은 일은 그만둘 수도 있죠. 그러나 한 번쯤은 극복하려는 노력을 해 보는 것도 괜찮지 않을까요? 나와 맞지 않다고 여겼던 일에 예상치 못한 재미를 느끼고, 엄청난 능력을 발휘하게 될지도 모르니까요.

Q 만약 마음이 맞지 않는 사람과 일해야 하면 어떡하나요?

A 남은 나를 비춰주는 거울이에요. 그 사람에게서 배울 점도 있어요.

나와 마음이 잘 맞는 사람과 함께 있으면 즐거워요. 하지만 마음이 맞는 사람이 있으면 마음이 맞지 않는 사람도 있기 마련이에요. 싫어하는 사람과 만나는 경험도 우리에게는 매우 중요합니다. 뇌에는 '거울 뉴런'이 있어요. 다른 사람의 행동을 보고 마치 거울에 비춘 것처럼 반응하는 신경 세포죠. 다른 사람은 나를 비추는 거울이고, 다른 사람이라는 거울이 있어야 우리는 성장할 수 있어요. 다양한 사람들과의 만남을 소중히 여기도록 합시다.

Q 프리랜서는 무엇인가요?

A 조직에서 일하는 회사원과는 다른 노동 방식이에요.

요즘 프리랜서로 일하는 사람이 많죠. 요즘 학생들에게 인기 있는 직업인 유튜버나 인플루언서도 프리랜서라고 볼 수 있어요. 간단히 말해 프리랜서는 '조직에 속하지 않고 개인이 일감을 받아 일하는 방식'이고, 앞으로 점점 더 많아질 거예요. 조직에서 일하는 회사원이나 공무원은 매달 정해진 월급을 받는데, 프리랜서는 보통 자신이 받아서 한 일에 따라 수입을 얻어요. 자기 생활 방식에 맞춰 일할 수 있는 장점이 있는 반면, 수입이 불안정한 것은 단점이죠.

Q 사업가가 멋있어 보이던데, 어떻게 하면 될 수 있나요?

A 행동력과 끈기 등 다양한 능력이 필요해요.

회사에 다니지 않고, 새롭게 자신의 사업을 이끌어 가는 사람을 사업가라고 합니다. 사업가가 되려면 행동력과 인내력, 끝까지 해내는 힘과 도전 정신 등 다양한 능력이 필요해요. 새로운 일을 스스로 개척하는 사업가는 멋있어 보이지만, 그 일을 성공으로 이끌어 내려면 어마어마한 노력을 해야 하죠. 요즘은 사업가가 점점 늘어나고 있어요. 우리 주변에 어떤 사업가가 있는지 알아보고 가족과도 많이 이야기해 보는 것을 추천합니다.

하고 싶은 일을 찾는 법

01 일하는 것은 곧 누군가를 돕는 것이에요.

02 일을 해도, 하지 않아도 이 사회를 뒷받침하는 일원이에요.

03 여러 가지 일의 의미를 생각하며 흥미를 가져 보아요!

04 어떤 일이든 혼자서는 할 수 없어요. 서로 협력해야 성과가 나와요.

05 자신에게 기쁨을 주는 일을 생각해 보고 스스로 만들어 보세요.

하고 싶은 일이 곧 좋아하는 일일까?

'하고 싶은 일'이 어느 날 갑자기 눈앞에 '뿅' 하고 나타날까요? 또 하고 싶은 일이 없다고 해서 꼭 나쁜 걸까요? 이번에는 '하고 싶은 일'의 정체를 알아봅시다. 어쩌면 여러분은 이미 하고 싶은 일을 찾았을지도 몰라요.

앞으로 어떤 일을 하고 싶은지

그럼 '어떤 어른이 되고 싶은가?'로 질문을 바꿔 보자!

아직은 잘 모르는 친구도 많겠지?

지유는 동경하는 사람이 있니?

네! 아주 많아요!

아이돌 뉴○스도 멋지고

김○○ 아나운서도 멋지고 또 동네 케이크 가게의 언니도 멋져요!

저도 그런 어른이 되고 싶어요.

구체적이라 좋구나!

구체적으로 누군가가 떠오르지 않으면, 되고 싶은 사람의 이미지를 떠올려 보는 것도 좋아.

리더십 강한 어른!

주위 사람들을 웃게 하는 사람이요!

전 멋있는 어른이 되고 싶어요!

짝짝   짝짝

어른이니까 당연히 일을 할 테고

쉬는 날은 좋아하는 게임을 하고

부자면 좋겠다. 돈이 많으면 뭘 살까…?

새로 나온 게임이나 만화를 잔뜩 사야지!

혼자 살려나? 자유로워서 좋네.

요리도 청소도 부지런히 잘할 거야.

이성에게만 인기 있는 것보다는 친구나 가족이 믿고 의지할 수 있는 야무진 어른이 좋아.

의지할 수 있는 사람이라면, 아는 것도 많고 당당하고 근육질에…!

와, 상상만 해도 설레잖아!

하고 싶은 일이 곧 좋아하는 일일까?

자, 중요한 사실을 하나 알려 주마!

뇌는 의욕이 샘솟는 쪽으로 진화한다고 해!

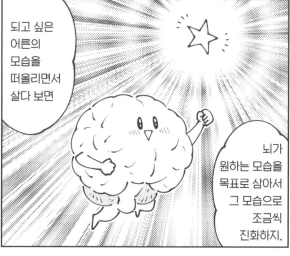

되고 싶은 어른의 모습을 떠올리면서 살다 보면

뇌가 원하는 모습을 목표로 삼아서 그 모습으로 조금씩 진화하지.

뇌가 진화한다니…

대단하다~

만약 만화가를 꿈꾸며 매일 의욕적으로 산다면….

언젠가 만화가로 데뷔하겠어!

인기 만화가 ○○○, 데뷔까지의 발자취

무의식적으로 관련 정보를 수집하고…

잘할 수 있어!

만화 강좌

목표를 위해 꾸준히 노력하고…

그림을 더 잘 그릴 테야!

더 재미있는 이야기를 만들어야지!

직접 행동에 옮기고.

두근

두근

제○회

신인 만화상 작품 공모

꿈은 이루어진다!

★심사위원 소개★

그러다 보면 점점 만화가가 될 수 있는 뇌로 변해 가지.

노력상 받았다!!

마찬가지로 뇌 과학자가 되고 싶다고 생각하면서 열심히 살다 보면 뇌 과학자가 되기 쉬운 뇌로 변해 간단다.

그게 바로 나야!

하지만 아직 저는 원하는 직업이 없는데요….

그래도 괜찮아!

되고 싶은 어른의 이미지만 마음에 담고 있어도 충분해.

예를 들어 '예쁜 말씨를 쓰는 사람'은 어떨까?

그렇게 의식하면 되고 싶은 모습에 가까워질 수 있어.

뇌가 그 방향으로 점점 변하기 때문이지.

그렇다면 나도 할 수 있을지도….

비록 변하는 속도는 빠르지 않겠지만, 아무것도 안 하고 지냈을 때와는 크게 다를 거야.

아직 구체적인 희망 직업이나 꿈이 없어도, 우선 의식하고 생각하는 것이 중요해.

어차피 어른이 될 텐데, 이왕이면 되고 싶은 어른이 되는 게 좋지!

미래의 내 모습은 어떨까? 괜히 두근 거리지 않니?

무언가에 몰입하는 것은 대단한 일이에요!

⊘ 자기 자신을 기쁘게 하면 강해질 수 있어요

좋아하는 일이 있고, 그 일에 푹 빠져서 시간 가는 줄도 몰랐던 경험이 있다면, 이미 완벽해요! 뇌를 성장시키는 가장 중요한 신경 전달 물질인 도파민이 나와서 뇌가 무럭무럭 성장할 테니까요. '몰입할 수 있는 일'은 언제 어디서나 자신을 받쳐 주는 아주 큰 힘이 됩니다. 친구와 다퉈서 고민일 때에도, 자기 자신을 기쁘게 할 줄 알면 충분히 극복할 수 있답니다.

몰입할 수 있는 일이 있으면 노력할 수 있어요

몰입할 수 있는 일이나 목표가 있으면, 그것을 이루려고 노력하려는 힘이 샘솟아요.

'목표'가 있으면
뇌는 그 방향으로 진화해요

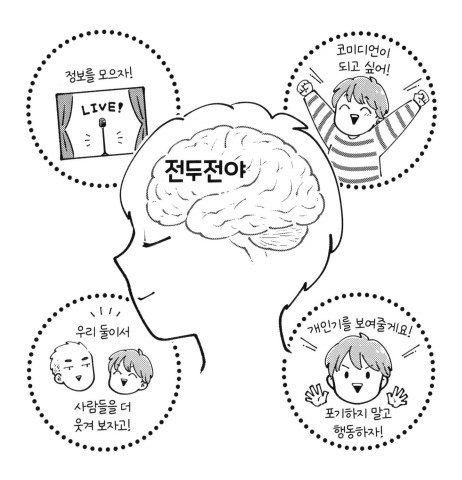

자신이 이루고 싶은 목표를 생각하는 것이 중요해요. 뇌의 전두전야는 목표가 있으면 의욕이 생기고, 원하는 바를 실현하기 위해 행동하고 싶어 하죠. 그러므로 작은 것이라도 좋으니 우선 이루고 싶은 목표를 정해 봅시다.

내가 좋아하는 일을
찾을 수가 없어요

✓ 지금 할 수 있는 일을 하며 천천히 찾아볼까요?

자신이 좋아하는 일, 열중할 만한 일을 찾지 못하는 친구도 있어요. 좋아하는 일이라고 하면 남들과 다른 특별한 일이나 잘하는 일을 찾아야 할 것 같아 더 어렵게 느껴져요. 그래도 초조해할 필요 없어요! 느긋하게 답을 찾으며, 좋아하는 일을 찾을 때까지 학교 공부나 취미 활동 등, 여러분이 지금 할 수 있는 일을 열심히 해 봐요. '공부'를 통해 흥미로운 일이나 그동안 몰랐던 새로운 정보를 찾을 수도 있으니까요.

지금 당장 답을 찾지 않아도 괜찮아요!

시험처럼 정해진 시간 안에 답해야 할 것 같나요? 좋아하는 일을 찾기까지 시간이 얼마나 걸리는지는 중요하지 않아요.

하고 싶은 일이 곧 좋아하는 일일까?

잘 생각하면 뇌가 칭찬해 줘요!

⊘ 많이 생각하고 스스로 해 보는 경험과 시간이 중요해요

하고 싶은 일을 찾는 데에는 시간제한이 없어요. 오랫동안 느긋하게 생각해 보는 것이 중요하죠. 그러려면 뭐든지 먼저 해 보는 것이 좋아요. 별로 흥미롭지 않은 일이었지만, 막상 해 봤더니 재미있을 수 있고, 좋아하는 일을 새로 찾을 수도 있어요. 많이 생각하고 직접 해 보는 시간이 곧 경험이 됩니다.

좋아하는 일은 뭘까?

싫어하는 일은 뭐지?

좋지도 싫지도 않은 일은?

답을 찾을 때까지 곰곰이 생각하고, 다양하게 경험해 보자!

'모른다는 것'은 곧 새로운 가능성이기도 해요. 많이 생각해 보자고요!

내가 하고 싶은 일이 나랑 맞는 일일까요?

✅ 하고 싶거나 좋아하는 일이 꼭 나와 잘 맞는다는 보장은 없어요

좋아하는 일이나 하고 싶은 일과 나와 잘 맞는 일이 같다면 다행이죠! 그러나 좋아하는 일과 내 적성에 맞는 일이 다르기도 해요. 축구를 좋아하는데 실력이 늘지 않던 친구가 배드민턴을 시작했더니 실력이 늘어 대회에 나가는 경우도 있지요. 좋아하는 일과 나와 잘 맞는 일 중에서 어느 쪽이 더 나을지는 곰곰이 생각해 본 뒤에 정하면 돼요.

하고 싶고 좋아한다고 느끼는 감정이 가장 중요해요

인형보다 나는 공룡이 더 좋아

요리는 재밌어!

하고 싶은 일이나 좋아하는 일은 힘들이지 않고도 즐겁게 할 수 있어요. 나와 잘 맞는지 아닌지는 나중에 생각해도 돼요!

해 보지 않으면 몰라요

좋아하는 일이나 하고 싶은 일이 나와 잘 맞는지는 일단 해 보지 않으면 몰라요. 해 보고 즐거우면 계속해도 되고, 잘 맞지 않는 것 같다면 다른 일에 도전해도 좋죠. 뭐든 여러분이 원하는 대로 해 보세요.

하고 싶은 일이 나와 맞지 않다면…?

노력해서 계속한다

소설가의 꿈, 포기할 수는 없어!

다른 일에 도전한다

축구보다 농구가 더 나을지도 몰라…

어느 쪽이든 좋아!

☆ 보호자 여러분께

아이가 자신과 맞지 않는 일에 매달리는 것 같아 보여도 "너와는 맞지 않아!"라고 말하지 마세요. 아이가 좋아서 하는 일이라면 지켜봐 주세요. 무엇을 선택할지는 아이가 직접 정하면 됩니다. 어른의 역할은 아이의 노력을 지지해 주는 것으로 충분합니다.

좋아하는 일을 찾는 과정

✓ 무언가를 할 때 내 기분이 어떤지 생각해 봐요

어릴 때 혼자서도 잘 놀던 친구는 좋아하는 일을 쉽게 찾을 수 있어요. 혼자 푹 빠져서 했던 일 중에 좋은 힌트가 있을 거예요. 곤충 채집이나 지하철 관찰, 피아노 연주 등 무엇이든 좋아요. 무언가를 할 때, 여러분의 마음이 어떻게 움직이는지를 잘 살펴보면 알 수 있어요. 자, 우리 함께 다양한 일을 해 보면서 기분이 어떤지를 살펴볼까요?

좋아하고 싫어하는 것을 알아차리는 것이 시작이에요!

때로는 싫어하는 것을 찾는 일이 좋아하는 것을 찾는 힌트가 되기도 해요. 다른 사람들의 시선은 신경 쓰지 마세요!

흥미 없는 일도 한번 시도해 보세요!

한번 먹어 볼까?

흥미가 있는지 없는지에 상관없이 무엇이든 시도해 보세요. 누군가가 새로운 음식을 권했을 때에도 바로 거절하기보다 한번 시도해 보는 거예요. 직접 해 보고 나와 맞는지 맞지 않는지 를 아는 것은 매우 소중한 경험이에요.

하고 싶은 일이 너무 많으면 어떡하나요?

✅ 재미있겠다는 호기심을 억누르지 마세요

한 가지 일을 꾸준히 하는 사람도 있고, 여러 가지 일에 흥미를 느껴서 하고 싶은 일이 많은 사람도 있어요. 어느 쪽이 더 좋다, 나쁘다를 판단할 수는 없어요. 다만 주의할 점이 있어요. 하고 싶은 일이 너무 많다고 해서 호기심을 억누르지 않는 것이죠. '하고 싶다', '흥미롭다', '재미있겠다'와 같은 마음을 소중하게 여기면서, 자신 있게 할 수 있는 일부터 해 보세요.

이것도, 저것도 다 하고 싶은데,
너무 욕심을 부리는 걸까!?

하고 싶은 마음을 숨기지 마세요. 주위 어른들의 응원을 받으면서 할 수 있는 일부터 먼저 해 보세요.

사람마다 뇌를 사용하는 방식이 달라요

✅ 내 뇌는 내 마음대로 쓰는 거예요!

하고 싶은 일이 많은 친구도 있고 적은 친구도 있죠. 사람은 저마다 달라요. 어디에서 이런 차이가 나는지는 아직 밝혀내지 못했답니다. 흥미 있는 일에 모든 힘을 쏟아도 좋고, 여러 가지 일을 시도해도 좋아요. 자신이 기쁘고 즐겁다고 느끼는 것이 가장 중요해요.

나는 하고 싶은 일이 많아! 하루 24시간이 모자랄 정도야!

Q 하고 싶은 일이
자꾸자꾸 바뀌어요.

A 고민하면 할수록 내가
어떤 사람인지 알 수 있어요.

하고 싶은 일이 자꾸 바뀐다는 것은 다양한 일에 마음이 간

다는 뜻이에요. 축구를 하면 축구 선수가 되고 싶고, 영화

를 보면 영화배우가 되고 싶겠죠. 뇌는 여러 방향으로 흔들

린답니다. 마음껏 고민해 보세요. 때로는 옆길로 새는 것도

좋아요. 그렇게 이리저리 흔들리다 보면, 정말로 내가 하고

싶은 일을 찾을 수 있어요. 그러니 걱정하지 않아도 돼요.

Q 목표 없이 살면 안 되나요?

A 목표에 얽매이지 않아도 괜찮아요! 자유로운 게 좋죠!

목표를 가지고 사는 건 훌륭해요. 그러나 긴 인생을 생각하면, 한 가지 목표에만 얽매여 살기는 아깝지 않을까요? 인생이란 거창한 꿈을 안고 사는 것은 물론이고 현실적인 생활에도 충실해야 하니까요. 등산을 예로 들어 볼까요? 정상에 도달하겠다는 목표로 산을 오르지만, 도중에 맛있는 음식을 먹고 눈앞에 펼쳐진 경치를 구경하기도 하죠. 이처럼 여러분이 목표에 얽매이지 않고 보다 자유롭게 살아가길 바라요.

Q 학원에 다니느라 바빠서 하고
싶은 일이 뭔지 모르겠어요!

A 뇌는 '공백'이 있어야 해요. 아무것도
하지 않는 시간이 필요해요.

학원에 다니느라 매일 일정이 꽉 차 있는 친구들도 많아요.

그런데 뇌는 빈 노트처럼 공백이 있어야 즐거움을 느낄 수

있답니다. 인간의 뇌는 이미 정해진 상황에 불편함을 느끼

고, 일어난 일과 일어나지 않은 일을 비교하기를 좋아하거든

요. 즉, 무슨 일이 일어날지 확실히 모르는 상태를 좋아한

다는 말이죠. 그러므로 정해진 일만 하는 것보다, 아무것도

하지 않는 시간을 가지는 것이 좋아요. 그러다 보면 어느 순

간 하고 싶은 일이 보일지도 몰라요.

Q '내게 잘 맞는 일'이란 건 도대체 무엇일까요?

A 잘 맞는 일이 무엇인지 모르니까 재미있는 거예요.

뇌는 얼마든지 바꾸고 고칠 수 있어요. 그래서 '나는 이런 사람이야.', '나는 이런 것과 잘 맞아.'라는 편견을 버려야 우리의 뇌는 계속해서 성장하고 발전할 수 있답니다. 그래서 아직 여러분에게 어떤 일이 잘 맞는지 모르는 편이 더 재미있을 거예요. 앞으로의 인생에 얼마나 많은 재미있는 일들이 펼쳐질지 기대하면서요. 자신이 어떤 사람인지 억지로 정하려 하지 말고, 잘 모르는 상태, 그대로를 즐겨 보세요!

하고 싶은 일을 찾는 법

06 '좋아하는 마음'이나 '동경하는 마음'을 찾는 것이 시작이에요.

07 좋아하는 일을 당장 찾지 못해도 괜찮아요.

08 답을 금방 찾기보다, 충분히 생각하는 시간을 가져 보세요.

09 자신의 한계를 정하지 마세요. 많은 경험을 하며 자신을 재발견할 수 있어요.

10 하고 싶은 일을 마음껏 시도하고 느껴 보세요.

좋아하는 일을
계속하려면?

아무리 좋아하는 음식도 매일 먹으면 질려요. 마찬가지로 한 가지 일을 꾸준히 좋아하면서 하는 건 쉽지 않아요. 도중에 그만두고 싶어질 때나, 마음이 더 이상 가지 않을 때, 어떻게 하면 좋을지 생각해 봅시다.

겐이치로 선생님 수업, 재미 있었어♪

응, 나도 그래!

넌 아이돌이랑 아나운서랑 파티시에였지? 뭘 목표로 할지 정했어?

음, 전부 재미있을 것 같아서 하나만 못 정하겠어.

전부 다 진심이 아니라는 뜻일까?

우리 부모님은 '하나를 꾸준히 해.' 라고 자주 말씀하셔.

나는 피아노도 1년 하다가 그만뒀고,

축구는 하고 있지만 친구가 하니까 하는 거지

프로 선수가 되고 싶은 것도 아니고….

하여간 넌 뭘 하든 꾸준히 못 하는 구나!

좀 진지하게 하란 말이야!

... 라고.

그래도 게임을 하거나 동영상을 볼 때는 좋아서 시간 가는 줄도 모르잖니?

겐이치로 선생님!

좋아하는 마음이 진심인지, 정말 좋아하는 건지 고민하기 보다

우선 흥미 있는 것을 뭐든 해 보면 어떨까?

꾸준히 못 해도요?

그럼! 그래도 무의미하지 않아.

재미 있겠다! 해 보고 싶어!

두근 두근

이런 마음이 중요한 거야♪

재미있겠다!

뇌는
재미있겠다고
생각하면
알아서
움직여.

직접 해 보는
경험만큼
뇌를 강하게
자극하는
것도 없지.

삐비비~빅

실제
경험?

그래

지유라면
어떨까?

직접
케이크를
만들어
봐야겠지?

레시피를
찾고
재료를
사서,

섞고 굽고
장식해
보고…

직접
먹어 보는
거야.

냠냠

베이커리의
케이크를
구경만
할 때는 절대
할 수 없는
경험이지.

그리고

아이돌 콘서트 가기!

뉴○스 콘서트
♥♥ xx년 x월 x일 xx공연장

우리가 화면으로 보는 아이돌과

실제로 보는 아이돌은 많이 다르니까.

눈앞에서 노래하고 춤추는 모습이나 콘서트장의 열기를

눈과 귀와 피부로 느끼는 거야.

하○

직접 경험해 보면 새롭게 알 수 있는 것이 많아.

또… 아나운서 체험을 하러 가 본다거나!

어때?

아나운서의 일은 대본을 똑바로 읽는 것만이 아니야. 해당 분야의 전문가와 만나는 기회는 좋은 자극이 된단다.

한번 해 보고 싶어요!

좋아하는 일에 관한 책만 읽는 것과는 또 다르지.

….

게임이나 동영상을 좋아하는 이준이는….

게임이나 동영상을 만드는 사람에게 직접 이야기를 듣거나…

재미있을 것 같은 아이디어를 떠올려서, 여러 가지 수단으로 직접 동영상을 찍어 봐도 좋겠지!

돈을 들이지 않아도 얼마든지 다양한 일을 할 수 있어!

우와, 정말 대단해요!

반대로 처음에는 별로 흥미가 없었는데

실제로 경험해 봤더니 아주 재미 있을 때도 있어.

열심히

이렇게 '경험'의 힘은 대단 하단다.

그러니 처음부터 흥미를 좁히지 말고 다양한 일에 도전해 보렴.

왠지 가슴이 두근 거려요.

나도

그 두근 거리는 마음이 중요해!

경험을 쌓으면 흥미와 관심의 새싹이 쑥쑥 자라고,

뇌도 무럭무럭 성장 하거든.

그게 앞으로 하고 싶은 일과 이어지고 계속해 나갈 수 있는 힘이 돼.

그렇구나!

어떤 일이든 어중간하고, 깊게 파고들지 못해요

✅ 실제 경험을 통해 내 마음을 확인해 보세요.

어중간하다고 느끼는 이유는 흥미를 가진 일을 제대로 파악하지 못했기 때문일 수도 있어요. 이럴 때에는 '진짜' 경험을 해 보면 좋아요. 간접적으로 보고 상상만 하던 것을 실제로 경험해 보면 뇌는 반드시 무언가를 느끼고 큰 자극을 받을 거예요. 그런 경험을 하고 나면, 의욕이 높아져 더 열심히 하게 되거나 혹은 생각과는 다른 현실에 마음을 정리하게 되기도 해요. 주저하지 말고, 실제 경험을 통해 새로운 발견을 해 보세요.

간접 경험만으로는 부족해요

온라인
영어 회화보다는…

같은 공간에서 직접
대화해야
공부가 된다!

영상이나 책을 통한 간접 경험보다는 실제로 직접 경험해 보는 것이 훨씬 더 좋아요. 가능하면 실제로 경험해 보세요.

오감을 활용하는 경험을 많이 해 보세요

오감(시각·청각·후각·미각·촉각)으로 하는 경험은 뇌에 아주 중요해요. 특정 장소에서 풍경을 감상하거나 실제 사물을 만져 보고 냄새를 맡는 등의 경험을 하면, 뇌에서 도파민을 분비시켜 의욕을 높이고 뇌의 신경 회로도 더 강화된다고 해요.

끈기 있게 오래 하지 못하고 금방 질려요

⊘ 익숙해지면 부족함을 느끼고, 하던 일에 질리게 돼요

끈기 있게 오래 하지 못하고 금세 질리는 것은 문제가 아니에요. 금방 질린다는 것은 뭔가에 푹 빠진 것 같다가 문득 다른 일도 해 보고 싶어지는 마음에서 나와요. 이것은 그만큼 무언가를 열중해서 했다는 증거인 셈이에요. 열중하다 보면 그 일에 익숙해지고, 곧 무언가가 부족하다고 느끼게 되거든요. 한 가지 일을 끝까지 열심히 하다가 질리는 건, 오히려 대단한 재능이랍니다.

쉽게 질리는 것도 하나의 재능이에요

사람은 자극이 사라지면 지겨움을 느끼기 마련이에요. 무언가에 질린다는 것은 자극을 좋아하는 뇌의 특징입니다.

질린다는 것은 무언가를 찾는 데에 열중한다는 증거이기도 해요

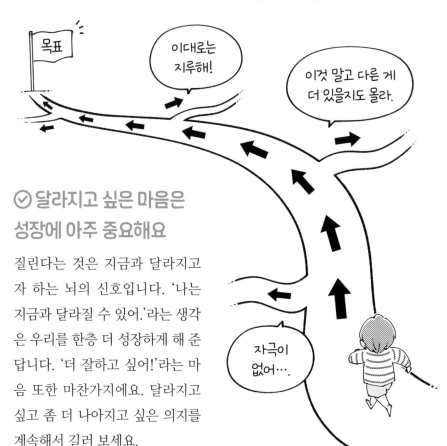

목표

이대로는 지루해!

이것 말고 다른 게 더 있을지도 몰라.

자극이 없어….

✓ 달라지고 싶은 마음은 성장에 아주 중요해요

질린다는 것은 지금과 달라지고자 하는 뇌의 신호입니다. '나는 지금과 달라질 수 있어.'라는 생각은 우리를 한층 더 성장하게 해 준답니다. '더 잘하고 싶어!'라는 마음 또한 마찬가지에요. 달라지고 싶고 좀 더 나아지고 싶은 의지를 계속해서 길러 보세요.

☆ 보호자 여러분께

금방 질리는 아이를 보면 무심코 야단치기 쉽죠. 그래도 그건 뇌가 달라지기 위해 보내는 신호이고, 아이의 성장에 있어 매우 중요한 마음입니다. 아이의 마음을 존중하고 응원하고 지지해 주세요.

해 보고 아닌 것 같으면 그만둬도 될까요?

☑ 단순히 못한다는 이유로 그만두는 것은 아까워요

하고 싶어서 시작했는데 마음대로 안 되거나, 막상 해 봤더니 생각과 달랐다면? 그럴 때는 그만두고 싶어지죠. 하던 일에 완전히 흥미를 잃었다면 그만 둬도 좋습니다. 다만 잘 못한다는 이유로 그만두는 것은 너무 아까워요. 잘 못하는 일이라도 '나는 원래 안 돼.'라고 생각하지 말고, 계속 도전해 보는 건 어떨까요?

아닌 것 같다는 생각이 든 이유를 생각해 보세요

시무룩…

OK

하고 싶은 일이
아니었다
혹은 다른 일을
하고 싶어졌다

⬇

그만둘래!

NG

잘하지 못한다

⬇

잘하지 못하는
나는 바보다

⬇

그만둘래!

그만두고 싶거나 이건 아니라고 생각하는 진짜 이유를 생각해 보세요. 이유가 긍정적이라면 목표를 바꾸어 봐도 좋아요!

쪼바심 내지 말고 느긋하게 해 보세요

침묵의 시기(Silent period)

✓ 중요한 것은 꺾이지 않는 마음이에요

외국어를 배울 때, 아무리 노력해도 진전이 없었던 시기가 있을 거예요. 이런 시기를 '침묵의 시기'라고 해요. 이 시기가 와도 꾸준히 노력하면, 어느 날 갑자기 외국어 실력이 부쩍 늘게 되죠. 여러분도 마찬가지예요. 좋은 결과가 바로 나오지 않아도, 포기하지 않고 계속 노력하다 보면 좋은 기회가 찾아올 거예요.

그릿(GRIT)

✓ 실패는 배움의 기회라고 생각해 보세요

사회적으로 성공한 사람들의 공통점이 있어요. 그들은 바로 '그릿', 즉, 끝까지 하는 힘을 갖고 있답니다. 무슨 일이든 타고난 재능보다 어려움이 있어도 포기하지 않고 끈질기게 매달리는 것이 중요합니다. 실패를 경험했거나 이제는 끝장이라는 생각이 들 때도 있겠죠. 그것도 배움의 기회랍니다. 더 잘하고 성장하기 위해서 계속 도전해 보세요!

식물을 키우는 것과 마찬가지로 햇빛과 물, 양분을 주며 꾸준히 계속해 보세요.

제자리걸음을 하지 않으려면 어떻게 해야 할까요?

⊘ 일이 잘 풀리지 않을 때는 한숨 돌리고 뇌를 새롭게 자극해 보세요

좋아하는 일이든 공부든, 내가 하고 싶었던 일이라도 발전이 없어서 의욕이 사라지는 시기가 있어요. 제자리걸음을 하는 것이죠. 너무 익숙해지거나 목표를 달성할 때까지 시간이 오래 걸리면 이렇게 제자리걸음을 하게 되고 그러다가 포기하고 싶어지게 돼요. 그럴 때는 한숨 돌리며 지금까지 했던 일을 돌아보고, 단기 목표를 세워 뇌를 자극해 보면 어떨까요? 뇌는 새로운 것을 좋아해요. 방식을 바꾸거나 환경을 바꾸면 다시 의욕이 샘솟을 거예요.

제자리걸음을 하는 것 같다면,
제한 시간을 정해 뇌를 자극해 보세요

아무리 좋아하는 일이라도 지루하게 질질 끌면서 하면 뇌가 지루함을 느껴요. 이럴 때에는 제한 시간을 설정하면, 뇌가 자극을 받아서 집중력이 높아진답니다.

'실제 경험'과 '목표'가 의욕을 만들어요

다양하게 경험하기

✅ 실제 경험을 통해 마음을 움직이고 의욕을 높여요

한 분야의 '프로'는 정말 멋있죠! 그들이 일하는 모습을 직접 보거나 듣고, 실제로 경험해 보고, 조금 과감하게 전문 지식을 배워 보세요. 이런 경험을 통해 마음이 움직이고 의욕이 높아질 거예요.

역시 프로는 대단해!

목표 설정하기

✅ 먼 목표와 가까운 목표를 함께 세우면 계속할 수 있는 원동력이 돼요

과학자가 되고 싶어!

우선 지금은 과학 공부를 해야지

과학

얼마 남지 않은 시험을 위해 무작정 공부하기보다 '어렸을 때 나를 정성껏 치료해 준 의사 선생님처럼, 친절한 의사가 되고 싶어.'와 같이 먼 미래의 목표를 세우면, 의욕이 높아져요. 거기에 짧은 목표도 함께 세우면 꾸준히 노력하게 하는 원동력이 됩니다.

하고 싶은 일을 부모님이 반대해요

✅ 반대하더라도 꾸준히 해 보면 큰 도움이 될 거예요

하고 싶은 일을 열심히 하고 있는데 부모님이 반대하신다면? 여러분은 그럴 때 어떻게 하나요? 우선 부모님이 왜 반대하는지 이유를 확인해 보세요. 부모님과 차분하게 대화하면서 여러분이 어떤 마음으로 그 일을 하는지를 설명해 보세요. 이런 경험은 어른이 되어서도 좋은 영향을 줄 거예요. 설령 부모님이 반대하더라도 자신의 선택에 대한 믿음이 있다면 포기하지 마세요. 이런 의지 또한 앞으로 여러분의 인생에 큰 힘이 될 겁니다.

해야만 하는 일도 빠트리지 않고 해야 해요

부모님의 반대에도 불구하고 하고 싶은 일을 계속하고 싶다면, 공부처럼 지금 꼭 해야 하는 일도 열심히 해야 해요.

하고 싶은 마음을 전하기 위해 노력하세요

강풍이 불면 나무가 뿌리를 단단하게 내리고 버티는 것처럼, 주위의 부정적인 시선에도 자신의 선택을 믿고 열심히 해 나가는 경험은 큰 도움이 됩니다. 부모님이 반대하더라도 바로 포기하지 말고, 어떻게 하면 계속할 수 있을지를 생각해 보세요. 그런 경험을 통해 뇌는 한층 더 자라게 됩니다.

☆ 보호자 여러분께

아이가 새로운 일이나 재미있는 일을 하려고 하면, 혹시나 실패해서 상처 받지 않을까 하고 걱정하게 되죠. 하지만 아이가 진정으로 그 일을 하고 싶어 한다면, 잘 지켜보며 응원해 주세요.

Q 뭘 해도 작심삼일로 끝나요.

A 사흘이나 노력한 나를 칭찬해요!

작심삼일이어도 100번 반복하면 300일이에요. 질려도 반복해서 하면 돼요. 성실한 친구일수록 한번 그만두면 '이번에도 또 못 했어.' 하고 죄책감을 느껴 완전히 포기해 버리죠. 하지만 이틀 만에 그만두게 되었더라도, '이틀 밖에 못 했어.'가 아니라 '이틀이나 했어!'라고 생각해 보세요. 그리고 다시 시작해서 습관으로 만드는 거예요. 매일 이를 닦는 것처럼, 뇌는 습관이 되면 무의식적으로 하게 됩니다. 처음이 가장 힘들어요. 그때를 넘기면 편해질 거예요.

Q 겐이치로 선생님은 어떻게 좋아하는 일을 계속할 수 있어요?

A "별일을 다 하네."라는 소리를 들어도 신경 쓰지 않았어요!

나는 뇌 과학자이면서 고등학교 교장이기도 하고, SNS 활동을 하고 대학에서 학생들을 가르치고, 텔레비전에 출연하고 강연도 해요. 하는 일이 정말 많죠. 그래서 "대체 뭘 그렇게 하는 거야?"라는 따가운 시선을 받기도 해요. 나를 이해하지 못하는 사람도 있어요. 그래도 괜찮습니다. 사람마다 사는 방식은 달라요. 훌륭한 일을 해내는 것보다 살아 있는 지금, 그때그때 얼마나 최선을 다해 즐겁게 사는지가 더 중요하니까요.

Q 좋아하는 일을 하는데
"열심히 해!"라는 소리를
들으면 싫어요.

A 마음이 편안할 때야말로
힘을 발휘할 수 있어요.

뇌를 잘 쓰려면 '오로지 열심히 해야 한다.'라는 생각은 버리는 게 좋습니다. 물 흐르듯이 자연스럽게 하는 '플로 스테이트(flow state)'가 이상적이라고 해요. 뇌 과학적으로 말하면 '편안하지만 집중하는 상태'인데요, 이때 가장 큰 힘을 발휘할 수 있죠. 몸과 마음이 평화롭고, 노는 것처럼 편하게 긴장하지 않는 상태에서 말이에요. 바로 이런 상태에서 최고의 성과를 낼 수 있어요. 그러니 너무 열심히 하지 않아도 돼요. 편안하게 즐기면서 하세요.

Q 싫증나지 않는
요령이 있나요?

A 나를 위해서가 아니라 모두를
위해 움직여 봐요.

지금까지 여러 전문가에게 들은 이야기에 따르면, 그들은

모두 '나를 위해서'가 아니라 '다른 사람을 위해서' 일했다

고 합니다. 이를 '이타성'이라고 해요. 나만 이득을 보려는

심보가 아니라 다른 사람을 배려하고 생각하는 마음이죠.

다른 사람에게 도움이 되고, 다른 사람이 즐거워하는 것을

생각하면, 신기하게도 뇌는 내가 기쁨을 느낄 때처럼 활동

합니다. 그러면 다른 사람들이 나에게 고마워하고, 계속해

나갈 수 있는 힘이 돼요. 그런 활동이나 일을 하면 싫증나지

않을 거예요.

하고 싶은 일을 찾는 법

11 실제로 경험해 보면 뇌가 자극을 받아 새로운 의욕이 생겨요.

12 질리는 것은 변화하려는 신호. 안 된다고 생각하지 말아요.

13 끈질기게 노력하는 시간은 뇌가 성장하는 시간입니다.

14 다양한 경험과 잘 세운 목표는 의욕을 높여요.

15 주위의 부정적인 시선에도 자신의 선택이 옳다고 생각된다면, 포기하지 않고 계속해 보세요.

나의 단점을 어떻게 받아 들여야 할까?

사람은 누구나 좋은 면이 있는가 하면 나쁜 면도 있어요. 단점은 보는 관점에 따라 장점 이 되기도 해요. 단점을 어떻게 볼지는 여러분 자신에게 달려 있어요.

쳇, 오늘
플레이가
잘 안되네….

°°°...

어…, 지유다.
응원하러
왔구나.

응…?

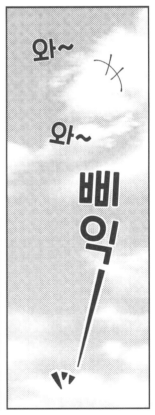

와~

와~

삐
익

이준이!
파이팅!

겐이치로
선생님!

나의 단점을 어떻게 받아들여야 할까?

이준아,
수고했어!

시합
잘 봤어.

그런데 나,
사실
운동신경이
별로야.

축구도
싫진 않은데
실력이
잘 늘지
않아.

흠,
그래?

운동도
그냥 그런데
공부는
더 못 해.

어제
시험은
30점
이었고…

부모님한테도
맨날 공부
못한다는
소리만
들어서…

뭐든지
잘하는
사람이
부러워.

맞아….
사실 나도
디저트를
만들어 봤는데,
망쳤어….

다 탔음

재주도
없고,
나랑
안 맞나….

나의 단점을 어떻게 받아들여야 할까? 91

못하는 일이 있는 건 대단한 거야!

네?

나는 어릴 때 몸이 둔해서 체육을 못했어.

그래서 열심히 연습했지.

열심히 해서 체육을 잘하게 됐어요?

허허

아니, 전혀!

열심히 해 봤지만….

나는 몸이 둔해서 체육은 잘 못하겠어.

그래도 지구력은 괜찮지 않을까?

그래서 노력했더니 6학년 때 교내 오래 달리기에서 2등을 했어!

노력했기 때문에 내가 못하는 일과 잘하는 일을 알 수 있었지.

못하는 일을 잘하려고 열심히 노력하는 건 결코 무의미하지 않아.

그것도 중요한 '경험' 이거든.

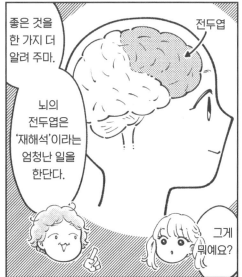

좋은 것을 한 가지 더 알려 주마.

전두엽

뇌의 전두엽은 '재해석'이라는 엄청난 일을 한단다.

그게 뭐예요?

가령 너무나 괴로운 경험을 했다고 해 보자.

재해석

경험 자체는 달라지지 않아도

다르게 재해석하면 긍정적으로 받아들이고 살아갈 수 있어.

재해석 예시 ①

이제 물이 절반밖에 없어….

재해석

아직 물이 절반이나 있어!

아, 남자친구와 헤어졌어. 이제 난 완전 끝났어.

재해석 ➡️

헤어짐은 새롭게 사랑할 수 있는 기회야!

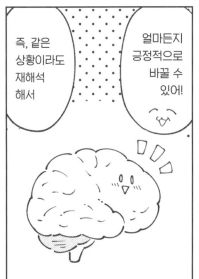

즉, 같은 상황이라도 재해석 해서

얼마든지 긍정적으로 바꿀 수 있어!

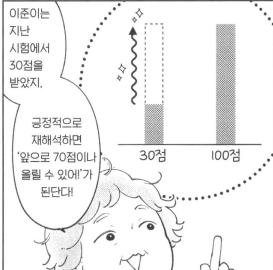

이준이는 지난 시험에서 30점을 받았지.

긍정적으로 재해석하면 '앞으로 70점이나 올릴 수 있어!'가 된단다!

30점　　100점

지유는 디저트를 만들다가 망쳤지만….

앞으로 더 맛있는 디저트를 만드는 방법을 알아볼 수 있지!

비록 지금은 잘하지 못해도 너희는 무럭무럭 성장할 가능성이 있어.

잘하지 못할 때에는 어떻게 하면 좋을까요?

✅ 항상 즐거운 기분을 느끼려고 의식적으로 노력하세요

운동선수를 보세요. 컨디션이 좋을 때가 있고 나쁠 때가 있죠. 이렇게 평소만큼 실력이 나오지 않는 시기를 '슬럼프'라고 합니다. 그런데 뇌 과학에서는 좋지 않은 상태를 스스로 컨트롤할 수 있다고 해요. 그 비결은 바로 항상 기분 좋게, 즐겁게 지내는 것이죠. 실제로 기분을 좋게 바꾸는 것이 실력을 늘리기 위해 노력하는 것보다 더 중요하다는 연구도 많답니다.

사람은 잘하지 못하는 상태에 더 신경을 쓰게 돼요

잘하지 못하는 상태에 신경 쓰지 말고, 긍정적으로 생각하고 밝은 쪽으로 시선을 돌리면 기분이 한결 나아질 거예요.

'어떤 상태인지' 보다 '어떤 기분인지'가 더 중요해요

기분은 조절할 수 있다!

①밝은 쪽에 집중하기

좋아하는 일을 하거나 분위기가 밝은 사람과 대화해 보세요. 즐거운 일에 집중하다 보면 어느새 기분이 좋아지고, 일도 잘 풀립니다.

②기분 전환하기

일이 잘 풀리지 않거나 좋지 않은 일이 생기면, 일단 잠시 그 일을 그만두고, 다른 일을 하며 기분을 끌어올려 보세요.

③잊기

기분 좋게 지내는 것이 매우 중요해요!

친구와 신나게 떠들다 보면 좋지 않은 일도 잊을 수 있어요. 또 친구에게 전부 털어놓는 것도 좋은 방법이에요.

문제를 극복해야 할까요? 도망치면 안 되나요?

☑️ 도망치지 말고 좋아하는 일을 꾸준히 해 보세요

"쟤가 나보다 더 잘해.", "쟤와 비교하면 나는 형편없어." 이렇게 다른 사람과 비교하면, 문제가 생겼을 때 도망치고 싶어져요. 도망치면 문제를 해결할 수 없습니다. 뇌는 조금이라도 더 나아지고 싶어 해요. 다른 사람과 비교하지 말고, 다른 사람의 시선을 신경 쓰지도 마세요. 그저 좋아하는 일을 꾸준히해 보세요. 그러다 보면 문제를 해결하고, 좋은 결과를 낼 확률도 높아져요. 그렇게 한층 더 성장하게 된답니다.

'나다움'을 받아들이면 더 이상 도망치지 않게 돼요

나는 이래서 안 돼…   어떤 모습이든 좋아!

지금 내 모습을 긍정적으로 평가하는 '자아존중감'이 높으면, 문제가 생겨도 무작정 피하지 않아요. 내 자신의 가치를 높여 보세요.

다른 사람과 비교하지 말고, 지금을 즐겨요!

⊘ 뇌는 작은 발전에도 기뻐해요

뇌는 발전하는 걸 가장 기뻐해요. 다른 사람과 비교하는 것이 아니라, 지금까지의 나와 비교해서 한층 더 나아지면 됩니다.

⊘ 다른 사람의 평가에 신경 쓰지 말고 내가 즐거운 일을 해요

다른 사람이 어떻게 생각하든 내가 즐거운 일을 해야, 뇌에서 도파민이 나와 잘 집중할 수 있어요.

⊘ 서투르더라도 꾸준히 하다 보면 잘하게 돼요

서툴고 잘 못한다는 건, 바꿔 말해 성장할 기회가 있다는 거예요. 어려운 수학도 꾸준히 하다 보면 어느새 잘하게 되니까요. 그렇게 꾸준히 해 보는 거예요.

☆ 보호자 여러분께

아이에게 "넌 재능이 없어." "넌 서툴러서 안 돼." "너한테 안 맞아."와 같은 말은 절대로 하지 마세요. 앞으로 어떻게 될지는 아무도 모릅니다. 부정적인 생각은 접어 두고, 어른도 아이가 하고자 하는 일을 즐겁게 함께해 주세요.

자신감을 잃었다면 어떻게 극복하나요?

⊘ 내 모습 그대로, 마음을 기댈 곳을 찾아보세요

내 모습 그대로를 좋아하는 '자아존중감'이 있다면 가장 좋겠지만, 그럴 수 없다면 '내 모습 그대로를 받아들여 주는 안전지대'를 찾아보세요. 안전지대란, 마음을 기대어 안심할 수 있는 곳, 흔들리지 않는 가치관(무언가를 판단할 때의 사고방식)을 말해요. 이 안전지대가 있으면 환경이 바뀌거나 괴롭고 힘든 일이 있어도 포기하지 않고 노력을 이어나갈 수 있어요.

'안전지대'가 있는 사람은 계속해서 나아갈 수 있어요

안전지대는 가정이나 가족뿐만 아니라 친구, 책, 음악, 그림 등 좋아하는 것은 무엇이든 될 수 있어요.

나에게 중요한 것을 적어 보세요

여러분이 소중하게 여기는 물건, 좋아하는 일, 중요한 사람을 각각 세 개씩 적어 볼까요? 이것이 여러분의 '안전지대'입니다. 지금 당장 적지 못해도 생각해 보는 것 자체에 의미가 있으니 꼭 해 보세요.

예시) 노래 부르기, 같이 축구하는 친구, 반려견 루루 등

나에게 중요한 것은 '자유', '개성', '창의력'이지요.

실패하는 게
두려워요

⊘ 다르게 보면 실패도 재산이 된답니다

어떤 일을 잘 못해서 지적 받거나 혼나면, 실패가 두려워지게 돼요. 그렇지만 실패는 성공을 위한 중요한 경험이랍니다. 어려서부터 작은 실패를 많이 경험하면 '왜 실패했을까?' '이번에는 어떻게 하면 될까?' 하고 실패를 극복하는 방안을 생각할 수 있어요. 이를 통해 더 많이 고민하고 연구하면서 성공에 조금 더 가까워지게 된답니다.

꾸중을 들으면 뇌는 의욕을 잃어요

실패를 했다고 꾸중을 들으면 뇌는 스트레스를 받아요. 그러면 활기를 잃고 판단력, 기억력, 집중력도 낮아지지요.

실패는 나를 돌아볼 좋은 기회!

✅ 메타 인지를 기르자!

메타 인지란, 내 생각이나 감정을 높은 곳에서 내려다보는 것처럼 객관적으로 자신을 파악하는 것이에요. 나의 감정이나 행동을 조절할 때 큰 도움이 되지요. 메타 인지는 어른에게도 매우 중요합니다.

✅ 실패는 배움의 기회

실패는 메타 인지를 기르는 좋은 기회가 됩니다. 실패했다고 부끄러워하지 않아도 돼요. 다른 사람의 반응을 살피고 주변 사람들에게 의견을 물어보면서, 자신의 행동을 돌아보고 수정하면 돼요.

☆ 보호자 여러분께

실패했다고 아이를 혼내면, 아이는 실패가 두려워서 도전하지 않게 됩니다. 꾸중 대신 어떻게 하면 좋을지 힌트를 주고 요령을 가르쳐 주면, 아이는 실패를 극복하고 성장할 수 있어요.

잘 못하는 일과 잘하는 일 중 무엇을 할까요?

✅ 다른 사람과 비교하지 않으면 사람은 점점 잘하게 돼요

잘 못하는 일을 연습하는 것과 잘하는 일에 더욱더 집중하기, 둘 중에 어느 쪽이 좋을까요? 정답은 둘 다! 잘 못하는 일을 열심히 해서 조금이라도 잘하게 되면 뇌가 기뻐해요. 물론 잘하는 일도 마음껏 즐겁게 해야죠. 이때, 다른 사람과 비교하지 않는 것이 가장 중요해요. 다른 사람과 비교해서 '나는 이건 잘하고, 저건 못하는 사람이야.'라고 한계를 긋는 친구도 있는데, 다른 사람을 신경 쓰지 마세요. 인간은 원래 스스로 조금씩 성장하는 동물이니까요.

사람마다 '잘하는 일'과 '못하는 일'이 있어요

잘하는 일과 못하는 일은 사람마다 달라요. 어떤 일이든 꾸준히 도전하고 노력하면 지금보다 잘하게 되죠.

잘하는 일, 못하는 일 모두 해 보세요

잘하는 일

⊘ 다른 사람과 비교하지 말고 마음껏 해 보세요

잘하는 일은 마음껏 해 봐요. 학교 친구들보다 좀 더 잘하는 정도에 만족하지 말고 프로나 전문가가 되고자 하는 마음으로 열심히 하면 어마어마하게 성장할지도 몰라요!

애니메이션 전문가가 될 거야!

못하는 일

⊘ 못하던 일을 잘하게 되면 정말 기뻐요

잘 못하던 일을 조금이라도 할 수 있게 되면 얼마나 기쁠까요! 다른 사람과 비교하지 말고, 예전의 나보다 조금 더 잘하게 되는 것이 핵심이죠. 뇌는 일단 기쁨을 느끼면 그 일을 더 하고 싶어 하거든요.

오늘은 잠시나마 자신 있게 말할 수 있었어.

Q 공부를 잘 못하는데요,
앞으로 잘할 수 있을까요?

A 원래 공부를 못하는 뇌는 없답니다.
어떻게 하느냐에 따라 달라져요.

처음부터 공부를 못하는 뇌는 없어요. 영어를 못하는 뇌도

없고 수학에 서툰 뇌도 없죠. 뇌는 어마어마한 가능성을 품

고 있는데, 우리는 그중 아주 일부만 사용하며 살고 있어

요. 뇌의 50%가 유전자로 정해진다는 것은 과학적으로 밝

혀진 사실인데, 남은 50%는 태어난 이후의 경험이나 학습

으로 달라진다고 해요. 이렇게 뇌는 얼마든지 달라질 수 있

어요. 어떻게 달라질지는 여러분에게 달렸죠.

Q 내가 잘 못하는 일을 다른
사람이 아는 게 부끄러워요.

A 터놓고 말할수록 나 자신이
달라집니다.

다른 사람의 부족한 점을 지적하는 건 옳지 않지만, 나의
부족한 점은 사람들에게 편하게 말해 보세요. 자기 단점
이나 약점을 스스로 말할 수 있는 사람은 자신을 더욱 발
전시킬 수 있어요. 왜냐하면 터놓고 말하는 것이 '나는 좋
은 쪽으로 달라지고 싶어.'라는 마음으로 이어지기 때문이
죠. 그러므로 가장 말하고 싶지 않은 부분도 말해 보세요.
실패했던 경험도 터놓고 말해도 돼요. 그런 과감한 태도가
상대방에게는 매력적으로 보일 테고, 여러분이 달라질 수
있는 좋은 계기가 될 거예요.

Q 재능은 타고나는 건가요?

A 타고나는 것이 아니에요.
못하는 일도 잘하게 될 수 있어요.

재능은 타고나는 것이라고 생각하기 쉬운데, 처음부터 어떤 일에 재능이 있는 회로를 갖춘 뇌를 갖고 태어나는 것은 아니에요. 즉, 지금 수학을 잘 못한다고 해서 처음부터 수학을 잘 못하는 뇌였던 건 아니랍니다. 그저 못한다고 생각하니까 점점 더 받아들이기 싫고, 하려고 하지 않는 것이죠. 부정적인 마음은 뒤로 하고 조금만 노력해서 딱 한 걸음만 나아가 보세요. 일단 기쁨을 느끼면 더 하고 싶어지고, 그렇게 하다 보면 못하던 일도 어느새 잘할 수 있어요.

Q 자꾸 '나는 어차피 안 돼.'라고
생각해요. 어떻게 해야 할까요?

A 뇌를 낙관적으로 사용해 보세요.

의식적으로 근거 없는 자신감을 뇌에 심어 주세요. 뇌의 전
두엽에는 '낙관 회로'가 있어요. 뇌를 낙관적으로 사용하
면, 뇌의 잠재 능력(아직 겉으로 드러나지 않은 능력)을 발
휘할 수 있게 됩니다. 예를 들어 '나는 할 수 있어.', '나는 대
단한 사람이야.'라고 생각하면 뇌를 적극적으로 사용할 수
있답니다. 반대로 '나는 형편없어.'라고 생각하면, 뇌에 '나
는 형편없어. 나는 뭐든 못하는 사람이야.'라는 인식을 심게
되죠.

하고 싶은 일을 찾는 법

16   잘하지 못하는 시기가 있어도 마음을 잘 먹으면 얼마든지 극복할 수 있어요.

---

17   다른 사람과 비교하지 말고 나만의 성장을 즐겨 보세요.

---

18   내가 소중하게 여기는 것이 노력하는 계기가 됩니다.

---

19   왜 실패했는지 생각하면 더 잘할 수 있어요.

---

20   잘하는 일도 못하는 일도 모두 해 보세요.

AI 시대, 어떻게 살아 가야 할까?

AI란, '인간의 지성을 인공적으로 재현한 것'입니다. 언젠가 AI가 인간의 능력을 뛰어넘을지도 모른다고 걱정하는 사람이 많은데, 어느 쪽이 더 뛰어난지는 중요하지 않아요. 서로 보완하며 함께 발전해 나가는 것이 중요하죠.

AI 시대, 어떻게 살아가야 할까?

미래에 직업이 사라질까 봐 걱정이니?

겐이치로 선생님!

언제부터 계셨어요?

AI는 무엇이든지 할 수 있잖아요?

사람이 어떻게 이겨요….

물론 지식량이나 작업 속도로는 AI를 이기지 못할지도 몰라.

그래도 생각해 보렴.

지유야, 이준아. 너희와 완벽하게 똑같은 AI가 있을까?

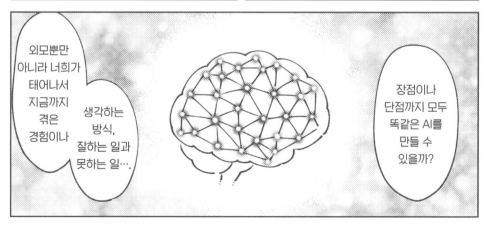

외모뿐만 아니라 너희가 태어나서 지금까지 겪은 경험이나

생각하는 방식, 잘하는 일과 못하는 일….

장점이나 단점까지 모두 똑같은 AI를 만들 수 있을까?

어려울 것
같아요.

맞아 맞아

비유하자면
AI는 최고
우등생
이란다.

하지만
아무리
뛰어난
AI도

우리 사람과
완전히 똑같은
경험이나 생각,
개성을 재현
할 순 없지.

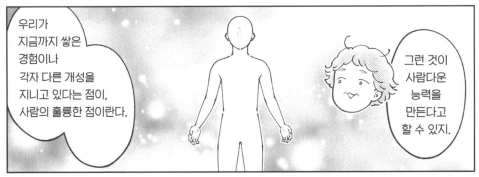

우리가
지금까지 쌓은
경험이나
각자 다른 개성을
지니고 있다는 점이,
사람의 훌륭한 점이란다.

그런 것이
사람다운
능력을
만든다고
할 수 있지.

전 세계를
찾아봐도
완벽하게
똑같은
사람은
없어.

유전자가 같은
일란성 쌍둥이도
완벽하게
똑같은 경험을
하지 않아.

사람은
모두 저마다
다른 개성을
소중히
여기고,

그 능력을
마음껏
발휘할 수
있단다.

그건 AI가
아닌,
사람만이
할 수 있는
거야.

친구들을 떠올려 보렴. 모두 저마다 다르지.

그 친구니까 할 수 있는 일이 있지.

각자의 개성을 인정해야 한단다.

나는 AI한테 일을 빼앗긴다는 생각보다,

AI의 강점과 사람의 강점이 조화를 이루면

훨씬 좋은 세상을 만들 수 있다고 봐.

같이 일하는 동료 중에 로봇이 있거나?

수고하시네요

좀 더 여러 방면으로 찾아 본다면,

AI만이 할 수 있는 일이나 새로운 직업도 생길 거야.

대단해! 재미있을 것 같아!

사람과 AI 멤버로 구성된 아이돌 그룹이 생길지도.

앞으로는 흔한 일이 될 수도 있겠는 걸!

AI가 절대로 할 수 없는 일이 있어요

⊘ 경험을 통해 만들어진 개성이 바로 사람다움

AI(인공지능)는 사람의 뇌를 연구해 사고방식이나 지능을 컴퓨터로 재현하는 기술입니다. 지식이 무한하고 어떤 일이든 할 수 있으므로 '사람보다 뛰어나고 대단한 것'으로 보이죠. 그러나 AI는 사람과 다른 존재이므로, 우리가 태어나서 지금까지 해 온 '경험'을 하지 못해요. 이 세상에 똑같은 경험을 하는 사람은 없답니다. 그렇게 만들어진 사람 각자의 개성이 바로 사람다움이라 할 수 있어요.

AI는 대단한 우등생이랍니다

AI는 축적된 방대한 데이터에서 평균적인 답을 내는 우등생이에요. 지식량으로는 사람이 AI를 결코 이기지 못해요.

우리에게만 있는 능력을 살려 보세요!

공감 능력

창의력

문제 해결 능력

협업 능력

소통 능력

공감 능력, 창의력, 문제 해결 능력, 협업 능력, 소통 능력은 앞으로 우리에게 필요한 능력들로, 다양한 경험을 통해 키워 나갈 수 있어요. 이런 능력들이 있기에 새로운 분야의 일이나 기술이 등장해도 AI는 결코 사람을 따라올 수 없답니다.

AI가 있으면 공부할 필요가 없나요?

☑ AI의 등장으로 '공부'의 의미가 달라져요

앞으로 무작정 암기하거나 얼마나 지식을 쌓았는지 시험을 통해 확인하며 친구들과 경쟁하는 공부는 더 이상 필요하지 않을지도 몰라요. 앞으로의 학교는 개인의 개성을 발달시키고, 친구들과 함께 협력하고 소통하는 공간으로 변하게 되겠죠. 학생들은 학교에서 운영하는 그룹 프로젝트를 통해 창의력과 문제 해결 능력을 키울 수 있을 거고요. 앞으로 우리는 그런 공부를 해야 해요.

지식을 외우기만 하는 공부는 의미가 없어요

지식량으로는 AI를 이기지 못해요. 앞으로는 스스로 문제를 찾아 생각하고 해결하는 힘이 필요하답니다.

'공부'의 진정한 의미

⊘ 학교 교과목은 공부의 전부가 아니에요

학교 공부가 앞으로 여러분의 인생에 도움이 되는 건 맞아요. 그러나 학교 교과목이 공부의 전부는 아니에요. 한 가지 주제를 깊이 파고들어 생각하고, 좋아하는 일에 흥미를 느껴 조사하는 것도 앞으로 우리에게 중요한 공부랍니다.

사회 수학 과학 국어

학교 공부도 물론 중요해요!

이런 것도 공부랍니다

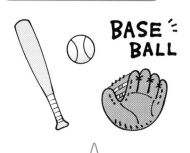

BASE BALL

왜 이런 규칙이 생겼을까? 3번 아웃되었을 때 교대하는 이유가 뭐야?

GAME 동물 랜드 좀비 헌터

어떤 장르가 있지? 캐릭터는 어떻게 만들지? 프로그래밍 방법은 뭘까?

⮟ 조사해서 답을 찾아보세요 ⮟

스스로 생각해서 행동하는 게 어려워요

✅ 수동적으로만 행동하면 AI를 이길 수 없어요

선생님, 부모님이 시키는 일은 할 수 있는데 스스로 생각하거나 고민해서 행동하기 어려워하는 친구도 있죠. 냉정하게 들릴지 모르지만, 수동적으로 움직이면 AI 시대를 살아가기 힘들어요. 누군가가 시키는 대로만 하는 것은 AI도 할 수 있고, 그런 일은 오히려 AI가 더 잘하니까요. 실패해도 좋고 서툴러도 좋으니까 적극적으로 생각하고 행동하는 습관을 들여야 합니다.

시키는 일을 잘하는 것만으로는 성장할 수 없어요

앞으로 다가올 미래에는 시키는 일을 정확하게 하기만 하는 건 '아무 생각도 하지 않고 사는 것'과 마찬가지랍니다.

누구나 스스로 생각해서 행동할 수 있어요

'스스로 생각해서 행동하는 것을 어려워하는 아이'는 사실 없답니다. 누구나 할 수 있어요. 자신의 속도에 맞춰 마음대로 하면 됩니다. 물론 사람마다 속도는 다르겠지요. 그러니 자신이 원하는 대로 행동하면 돼요. 즐거운 마음으로 한다면 더 좋겠죠!

⭐ **보호자 여러분께**

수동적인 아이는 어른들이 그렇게 만들었을 수도 있어요. 부디 '스스로 행동하지 못하는 아이'라고 여기지 말아 주세요. 수동적인 아이에게는 "네가 원하는 대로 하면 돼."라고 따뜻하게 말을 건네며, 아이가 스스로 행동할 때까지 응원해 주세요.

AI가 대신하지 못하는 직업을 갖고 싶어요

⊘ '이건 내가 정말 잘할 수 있는 것'이라는 확신을 가져 보세요

AI의 등장으로 사람이 직업을 빼앗길 수 있다는 말, 자주 듣죠. 실제로도 이런 일이 일어나고 있어요. 게다가 앞으로는 AI가 맡는 일이 더 많아질 거예요. 오늘은 있던 직업이 내일은 사라질 수도 있죠. 그래도 두려워할 것 없어요. 마음 속에 '내가 정말 잘할 수 있는 것' 혹은 '내가 정말 좋아하는 것'이라는 확신이 있다면 괜찮아요. 눈 깜짝할 새에 많은 것이 바뀌는 미래에도, 그런 확신이 있다면 오히려 변화를 즐길 수 있을 거예요.

AI가 직업을 빼앗는다고요?

사람만이 할 수 있던 대면 업무도 AI와 함께하게 될 거예요. 이건 정말 당연한 미래의 모습이랍니다.

우리가 살아가는 데 필요한 것 = 직업

단순 작업은 AI가 더 뛰어나요

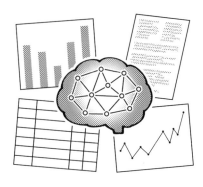

사람만이 할 수 있는 직업도 있어요

사람만이 할 수 있는 직업은 앞으로도 사라지지 않을 거예요. 어떤 시대든 사람과 사람의 관계가 가장 중요하니까요. 나는 무엇을 좋아하고, 무엇을 소중하게 여기는지를 늘 생각하다 보면, 직업도 쉽게 찾을 수 있을 거예요.

AI를 잘 활용하는 방법

✅ AI를 똑똑하게 사용하는 법을 배워 봅시다

요즘 AI와 관련해서 가장 많은 관심을 끄는 것은 바로 문장이나 사진을 자동으로 만들어 내는 '챗GPT'와 같은 생성형 AI예요. 여기에는 나이 제한이 있어서 사용하려면 부모님의 허락을 받아야 하죠. 최근에는 어린이의 생성형 AI 사용에 대한 논의가 많이 이루어지고 있어요. 하지만 생성형 AI는 미래 사회에는 없어서는 안 될 중요한 기술이지요. 그러므로 무조건 사용하지 않기보다는 똑똑하게 사용하는 방법을 배우는 것이 중요합니다.

AI는 두려운 존재가 아니에요

우리는 전혀 모르는 것에 두려움을 느끼죠. AI에 대해 잘 알아 두면 든든한 내 편이 될 거예요.

무엇이든지 '사용할 줄 아는 것'이 중요해요

⊘ 무엇이든지 잘 사용하면 '미래의 도구'가 '내 친구'가 될 거예요

우선 무엇이든 좋으니 시도해 보세요. 일단 사용해 보면 무엇인지 알게 되고 흥미도 생긴답니다. 조금씩 써 보고 점차 익숙해지면 미래를 살아가는 데에 꼭 필요한 소중한 친구가 될 수도 있어요.

> 파티시에가 되려면 어떻게 하면 좋을까?

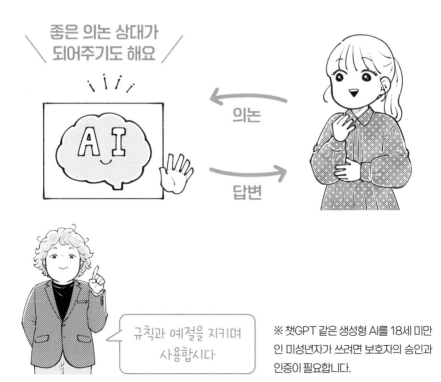

좋은 의논 상대가 되어주기도 해요

AI

의논

답변

> 규칙과 예절을 지키며 사용합시다

※ 챗GPT 같은 생성형 AI를 18세 미만인 미성년자가 쓰려면 보호자의 승인과 인증이 필요합니다.

Q 부모님이 챗GPT 같은 생성형 AI를 쓰지 말라고 하세요.

A AI는 편의를 위한 도구가 아니라 배움을 위한 도구로 써야 해요.

부모님은 AI를 사용하려는 여러분을 보고 '저러다가 스스로 공부하지 않으면 어쩌지?', '편해서 너무 의존하는 건 아닐까?' 하고 걱정하실 거예요. 그렇다면 걱정을 덜어드리면 된답니다. AI로 우리 뇌를 자극할 수도 있거든요. 실제로 AI가 두는 장기를 연구하고 판단력을 키워서 장기 실력을 높인 사람도 있어요. 그러니 "AI를 이용해 더 많은 걸 공부하고 싶어요."라고 부모님께 말씀드려 보세요. 잘 설득하면 이해해 주시지 않을까요? 저 또한 여러분이 그렇게 AI를 사용하면 좋겠어요.

Q AI가 인류의 지능을 뛰어넘을 수 있을까요?

A AI와 경쟁하는 것이 아니라 서로 협력하는 것이 중요해요.

현대 사회에는 인류가 해결하기 어려운 문제가 참 많아요. 지구 온난화를 막아줄 획기적인 에너지 개발, 식량 위기에 대비한 먹거리 개발, 병을 치료하거나 노화를 늦추는 기술 등이죠. 사람의 지능만으로는 연구 개발이 어려운 일을, AI 를 써서 해결하면 얼마나 멋질까요? 기술을 악용하거나 사람과 AI가 경쟁하려고 들지 말고, 서로 협력해서 좋은 사회를 만들 수 있으면 좋겠어요.

Q 사람처럼 감정을 지니고,
말하고, 움직이는 AI도 있나요?

A 사람과 같은 AI가 다양한 분야에서
활약할 수도 있어요.

사람과 같이 감정을 지닌 AI는 지금 큰 주목을 받고 있고,

실제로 만들어지고도 있어요. 같은 반에 감정을 지닌 AI가

있으면 반 친구들 사이가 더 좋아지고 괴롭힘 문제를 해결

할 수 있다는 의견도 있답니다. 또 게임에서도 플레이어 이

외의 캐릭터로 AI를 써서 의사소통이나 동료 찾기를 더 재

미있게 하기 위한 연구도 진행 중이죠. 앞으로 어떤 AI가 개

발될지 정말 궁금하지 않나요?

Q AI가 인간을 지배하는 일이 벌어질까요?

A 인간이 AI를 어떻게 조절하면 좋을지 연구 중입니다.

실제로 AI가 사람을 지배할 가능성이 있다고 해요. 핵무기보다 AI가 위험하다고 주장하는 연구자도 있지요. 만약 그런 일이 생긴다면 AI가 단독으로 행동하는 것이 아니라, 사람이 AI를 이용해 야심을 채우거나 독재자처럼 행동할 가능성이 더 높아요. AI는 어디까지나 '도구'이므로 어떻게 활용할지는 사람에게 달렸어요. 그렇기에 정부나 기업 등 여러 기관에서는 AI 윤리 기준을 만들어 책임감을 갖고 공정하게 AI를 사용하도록 규율하고 있어요. 사람이 AI를 어떻게 조절하고 공존할까, 저 또한 이 문제를 연구하는 중입니다.

뇌 성장을 위한
7가지 행동

여러분의 뇌는 아직 무럭무럭 자라는 중이에요. 뇌 과학 전문가인 겐이치로 선생님에게 뇌가 활기차게 성장하기 위해서 우리가 무엇을 해야 할지 배워 봅시다. 쉬운 것부터 하나하나 해 봐요!

뇌가 새로운 정보를 받아들이기 가장 좋은 때는 바로 아침!

아침에 활동하는 습관을 들이면 뇌 활동도 점점 활발해져요

뇌가 가장 활기 넘치는 시간은 언제일까요? 바로 아침에 막 일어났을 때랍니다. 그래서 새로운 정보를 익히는 데에는 아침이 가장 좋아요. 또 아침은 새로운 아이디어나 발상이 잘 되는 시간대이기도 해요.

아침에 유독 일어나기 힘들어 하는 친구도 있어요. 처음에는 일어나기 힘들어도 한번 과감하게 일어나 보세요. 뇌에는 아침에 햇빛을 받으면 각성 스위치가 켜지는 회로가 있어요. 몇 번 반복하다 보면, 일어날 시간이 되었을 때 자연스레 눈이 떠지고, 뇌 활동도 점점 활발해진답니다.

겐이치로 선생님의 아침은
아주 바빠요!

check!

잠에서 깨면
바로 스마트폰과 컴퓨터로
이메일과 SNS를 확인하고
일을 해요.

맛있는 식사는
뇌에게 주는 보상

쉬는 날에는

편의점까지 산책하거나

근처 공원에서 달리기를 하죠

아침에 몸을 움직이면 뇌에서 세로토닌이라는 행복을
느끼는 물질이 나와 기분이 안정돼요

재미있는 놀이를 떠올리면 뇌가 기뻐해요!

다양한 놀이를 고안해 뇌를 즐겁게 활동시켜요

요즘은 놀이라고 하면 온라인 게임이 먼저 떠오르죠? 하지만 이런 것은 대부분 우리가 놀이 방법을 직접 생각해 내지 않아요. 놀이의 즐거움은 스스로 규칙을 만들고, 이기거나 목표를 달성하기 위해 골똘히 생각하는 것에 있습니다. 뇌는 스스로 생각할 때 가장 기뻐해요. 뇌 과학에서는 결과를 어느 정도 예상할 수 있지만 어떻게 될지 알 수 없는 '우연' 요소가 있는 성질을 우유성(偶有性)이라고 부릅니다. 이러한 우유성이 있는 놀이를 할 때, 뇌는 활발하게 활동하고 우리도 성장할 수 있답니다.

겐이치로 선생님이 추천하는 놀이

공원에서 보물찾기

술래인 아이가 공원에서 어떤 물건(예: 페트병 뚜껑이나 빈 캔 등)을 숨깁니다. 찾기 너무 어려운 곳보다, 가로등 아래나 수풀 등 어느 정도 찾으면 보이는 곳에 숨기는 것이 요령이에요. 모두 즐겁게 보물찾기를 해 봐요!

딱지치기·구슬치기

옛날 아이들이 즐겼던 딱지치기와 구슬치기. 놀이법은 간단하지만, 규칙을 직접 정할 수 있어서 생각할 거리가 많아요. 가족이나 선생님께 어렸을 때 어떤 규칙으로 놀이를 했는지 물어보세요.

끝말잇기

끝말잇기는 단순하지만 특별한 도구 없이도 즐겁게 할 수 있어서 좋아요. '몇 글자 이상'이나 '먹을 수 있는 것만'과 같은 규칙을 정해서 한다면, 얼마든지 재미있게 놀 수 있죠.

그림 끝말잇기

가위바위보로 순서를 정해 종이에 그림을 그려서 하는 끝말잇기예요. 그린 그림이 무엇인지는 비밀. 앞 사람이 그린 그림을 추리하면서 그 그림의 끝말로 시작하는 그림을 그립니다.

일부러 어려운 길을 선택해 보세요

새로운 것을 배우고 어려움을 극복하면서 뇌는 성장해요

뇌는 새로운 것에 도전하고 싶어 해요. 물론 '나는 지금이 좋아. 이 대로 느긋하게 지내고 싶어.'라고 생각하는 친구도 있겠죠. 그러나 뇌는 원래 새로운 것에 도전하려는 본능이 있답니다. 우리는 원래 그래요. 태어난 순간부터 지금까지 평범하게 살아온 것처럼 보이지만, 못하던 일을 할 수 있게 되고 몰랐던 것을 알게 되었듯, 계속 새로운 것을 배우고 발전해 왔어요. 이렇게 뇌는 도전을 반복하고 어려움을 극복함으로써, 기쁨을 느끼고 성장한답니다.

작은 일부터 도전해 보자!

동시 쓰기

매일 팔 굽혀 펴기 연습하기

1·2·3·4···

더 큰 일에 도전하고 싶어져요!

더 해 보고 싶어!

기대 돼!

행동 ❹

심심하거나 멍하게 있는 시간도 필요해요

의식적으로 멍하게 있는 것도 도움이 돼요

뇌는 아무 생각 없이 멍하니 있는 시간이 필요해요. '아무것도 하지 않을 때'의 뇌는, 뇌의 여러 부분을 조정하고 정보나 감정을 정리 정돈한다는 연구 결과가 있어요. 이때 뇌는 아무것도 하지 않는 것처럼 보이지만, 사실은 뇌 속을 정리하며 활발하게 움직이고 있답니다. 이때 스트레스도 줄어들게 되죠. 즉, 뇌를 정리 정돈해 스트레스를 줄이려면, 의식적으로 멍하게 있는 시간을 확보해야 해요. 그래야 평소에 활기차게 활동할 수 있답니다.

아무것도 하지 않을 때 작용하는 뇌의 회로가 있어요!

멍하게 있을 때, 머리를 비우고 자기 마음을 들여다보세요.

단, 과거의 좋지 않았던 일을 떠올리거나 무언가에 대해 후회한다면,

싫은 일을 생각하는 신경 회로가 강화되므로 주의해야 해요.

새로운 환경에서 새로운 만남을 경험해 보세요

새로운 곳으로 떠나는 여행을 통해 다양한 자극을 받을 수 있어요

뇌는 새로운 만남을 사랑해요. 낯선 곳을 처음 여행하던 때를 떠올려 보세요. 처음 보는 아름다운 풍경을 감상하며 걷고, 맛있는 음식을 먹고, 낯선 사람과 만나죠. 새로운 자극이 계속 이어져요. 새로운 것과의 만남은 뇌의 호기심 회로를 활성화합니다. 그러나 같은 자극도 2번, 3번 반복하면 뇌의 반응이 조금씩 낮아져요.

또 뇌의 기억을 관장하는 '해마'는 낯선 곳에 가면 활성화된답니다. 그러므로 낯선 곳을 찾아가 새로운 만남을 경험해 보는 것이 좋아요.

뇌는 처음 하는 경험에 가장 큰 자극을 받아요

여행을 떠나 새로운 장소에 방문해 보세요

처음 — 와! 멋있다!

2번째 — 응, 멋있네~.

3번째 — 다른 곳에 가야지. 전에도 봤으니까.

뇌의 반응은 점점 낮아져요

행동 ❻

잡음이 많은 곳에서 공부해요

뇌의 전두엽은 어디에서든 집중할 수 있게 설계되어 있어요

뇌의 전두엽에는 집중력 회로가 있어요. 어디에서든 순간적으로 집중할 수 있게 설계되었죠. 뇌의 회로는 근육과 마찬가지로 단련하면 할수록 강해져요. 시끄러운 곳에서 공부를 하는 것도 뇌를 단련시키는 방법 중 하나랍니다. 거실은 TV 소리가 들릴 때도 있고, 가족이 옆에서 집안일을 하거나, 동생이 소란을 피우기도 하죠. 그런 잡음 속에서 공부해 보는 거예요. 일부러 시끄럽고 힘든 환경에서 공부하면서 집중력을 향상시키면 더 똑똑해질 수 있을 거예요.

집중력을 기릅시다!

명문 대학에 합격한 사람 중에 거실에서 공부한 사람이
많다는 이야기를 들어본 적이 있을 거예요. 그들이 그렇게 공부한
이유는 저마다 다르겠지만, 무의식적으로 시끄러운 곳에서 공부해
집중 회로를 단련한 것이 좋은 성적으로 이어진 것이 아닐까요?

많이 칭찬받는 것도 중요해요

칭찬을 받으면
뇌는 기뻐하고 성장합니다

'칭찬은 고래도 춤추게 한다'라는 말이 있지요. 칭찬받을수록 무럭무럭 성장한다는 뜻입니다. 칭찬을 받으면 당연히 기뻐요. 뇌 과학 관점에서도 칭찬을 받으면 도파민의 작용이 활발해지고 뇌가 기쁨을 느껴 성장하게 된다고 하죠. 이때 도파민이 더 활발하게 작용하도록 하는 요령이 있어요. 하나는 그 자리에서 바로 칭찬받는 것, 또 하나는 무엇이 어떻게 대단한지 구체적으로 칭찬받는 것이에요. 운동선수에게 코치가 끊임없이 칭찬을 하는 것도 이런 이유랍니다. 자, 어른들에게 많이 칭찬해 달라고 해 보세요. 또 자기 자신을 스스로 칭찬하는 것도 잊지 말고요.

뇌가 기뻐하는
2가지 칭찬 포인트

칭찬법 ① | 바로 칭찬해 주세요

아이가 좋은 행동을 하면,
최대한 빨리 그 자리에서
칭찬합니다. 수영 강습 중이라면,
"지금 손 움직임이 아주 좋았어!",
영어 수업 중이라면
"지금 발음이 정말 좋았어,
대단하네."와 같이요.

청소했어요!

정말
대단하다!

칭찬법 ② | 구체적으로 칭찬해 주세요

다른 사람과 비교하지 말고
그 아이가 얼마나 성장했는지,
또 어떤 부분이 좋았는지
구체적으로 칭찬합니다.
"지난달에 비해 이 부분이
이만큼 더 발전했네."와 같이
세세하게 표현해 주세요.

주변을 잘 살피며
멋진 패스를 했구나!

소중한 꿈의 씨앗이
탐스러운 열매가 되기를

여러분, 어때요? 하고 싶은 일을 찾을 수 있는 좋은 힌트를 발견했나요? 지금 당장 하고 싶은 일을 찾지 못해도 괜찮아요. 이 책에서 설명하는 내용을 잘 기억하고 매일 공부나 운동, 취미 활동, 놀이를 즐겁게 하다 보면, 분명 여러분이 하고 싶은 일을 발견하게 될 테니까요.

뇌를 연구하다 보면 자주 감탄하게 돼요. 사람마다 하고 싶은 일이나 이루고 싶은 꿈이 다 다르고 깊이가 있거든요. 하고 싶은 일이란 바로 그 사람을 비추는 거울이랍니다.

'만남'을 통해 하고 싶은 일을 키워나가는 경우도 많아요. 운동선수에게 물어보면, 어렸을 때 본 시합이나 운동선수와 만난 경험에서 꿈을 품게 된 사람이 많아요. 또 특정 분야에서 전문가가 되었거나 성공한 사람 대부분이 어릴 적 경험이 목표의 출발점이 되었다고 해요. 누군가가 해 준 사소한 한 마디, 기뻤던 일, 즐거웠던 일이 앞으로 이어갈 인생의 시작점이 될 때도 많아요. 평소 살면서 우연히 본 것이 꿈의 씨앗이 되어 이윽고 크게 꽃피우기도 하고요.

앞으로 우리가 살아갈 시대는 인공지능의 발달로 크게 달라질 겁니다. 지구 환경처럼 진지하게 해결해야 하는 문제도 많아요. 그런 상황에서도 이 사회를 구성하는 모두가 각자 하고 싶은 일을 소중히 여기며 노력하면, 반드시 좋은 세상이 되리라 믿습니다.

모든 목표나 꿈을 쉽게 실현시킬 수는 없어요. 오히려 어려운 목표나 꿈이 더 많죠. 이를 극복하기 위해서는 책에서 설명한 그릿(끝까지 하는 힘)이 많이 필요하겠죠.

그래도 포기하지 않고 노력할 수 있는 이유는 여러분이 하고 있는 일이 꼭 하고 싶은 일이기 때문일 거예요. 노력이야말로 가장 큰 재능이라는 말을 종종 들어 보았을 겁니다. 노력이라는 재능을 키우는 것이 하고 싶은 일의 영양분이 될 거예요.

저 역시 지금껏 그랬던 것처럼 앞으로도 하고 싶은 일을 열심히 하고 싶어요. 아마도 계속해서 뇌 연구를 하겠지만요. 언젠가 여러분이 눈을 반짝이며 "이 책을 읽고 내가 하고 싶은 일을 발견했어요!", "이 책을 읽고 노력했어요!", "꿈을 이루었어요!"라고 말해 주기를 기다릴게요.

뇌 과학자 **모기 겐이치로**

꿈을 향한 첫걸음은
나 자신을 아는 것부터

"이번 생은 망했어요!"
학교에서 학생들을 가르치다 보면 자주 이런 이야기를 듣곤 해요. 아직 늦지 않았고 꿈을 이루기 위한 시간이 충분한데도 그것을 모르고 지레 포기하는 그 마음이 너무 안타까울 때가 많답니다. 왜 이렇게 생각할까요? 왜 기회가 많은데도 미리 포기해 버릴까요? 아마도 내가 하고 싶은 게 무엇인지에 대한 고민이 부족해 스스로에 대한 확신이 없어서일 거예요. 그래서 우리는 진로를 찾기 위해서는 나를 들여다보고 긍정적으로 생각하는 마음공부가 얼마나 중요한지를 다시 한번 생각해 봐야 해요.

이 책은 여러분이 진로를 탐색하는 데 필요한 마음가짐에 대한 뇌 과학자의 조언을 담고 있어요. 단순히 진로 정보만 있는 게 아니라 자신의 가능성을 발견하고 원하는 일로 나아가려면 어떤 마음가짐이 필요한지를 이야기해요. 또한 심리와 연결된 재미있는 뇌 과학 지식도 함께 담겨 있어서 읽는 재미도 쏠쏠하답니다. 꿈을 찾아 나아가는 여정에서 어떤 생각을 해야 할지, 공부와 삶의 의미를 어떻게 연결할 수 있을지도 좀 더 깊이 있게 생각해 볼 수 있는 기회를 갖게 될 거예요. 그러다 보면 여러분의 마음속 고민이 조금은 해소될 수도 있겠죠?

인공지능이 발달하는 미래 사회를 앞두고 많은 학생들이 자신의 미래에 대해 불안하고 답답한 마음을 느끼고 있어요. 하지만 모기 겐이치로 선생님의 조언을 바탕으로 자신의 마음을 잘 들여다보고 마음의 소리에 귀 기울이면, 여러분이 무엇을 좋아하고 잘할 수 있는지에 대한 힌트를 발견할 수 있을 거예요. 꿈을 향한 첫걸음은 바로 내 마음공부부터 시작이니까요. 책을 읽으며 나를 알고 내가 원하는 꿈을 향해 자신 있게 나아가는 용기를 얻기를 바랍니다!

권희린

MANGA DE WAKARU! SHOGAKUSEI NO TAMENO YARITAIKOTO NO MITSUKEKATA
supervised by Kenichiro Mogi, illustrated by Popoko
Copyright © SHUFU TO SEIKATSU SHA 2023
All rights reserved.
Original Japanese edition published by SHUFU TO SEIKATSU SHA CO.,LTD.
Korean translation copyright © 2024 by BLUEMOOSE BOOKS
This Korean edition published by arrangement with SHUFU TO SEIKATSU SHA CO.,LTD.,
Tokyo, in care of Tuttle-Mori Agency, Inc., Tokyo, through Amo Agency, Korea.

뇌 과학자가 알려 주는 똑똑한 진로 탐색 가이드

하고 싶은 것을 찾는 법 25

초판 1쇄 발행일 2024년 10월 31일

감수 모기 겐이치로
한국어판 감수 권희린
그림 포포코
옮긴이 이소담

펴낸이 金昇芝
편집 문영은
디자인 양×호랭 DESIGN

펴낸곳 블루무스어린이
출판등록 제2022-000085호
전화 070-4062-1908
팩스 02-6280-1908
주소 경기도 파주시 경의로 1114 에펠타워 406호

이메일 bluemoose_editor@naver.com
인스타그램 @bluemoose_books

ISBN 979-11-93407-24-0 (73190)

아이들의 푸른 꿈을 응원하는 블루무스어린이는 블루무스의 어린이 단행본 브랜드입니다.